父母会规划
孩子能成才

硕阳 著

浙江教育出版社·杭州

图书在版编目（ＣＩＰ）数据

父母会规划，孩子能成才 / 硕阳著 . — 杭州：浙
江教育出版社，2025. 5. — ISBN 978-7-5722-9836-3

Ⅰ．G78

中国国家版本馆 CIP 数据核字第 2025517EA9 号

责任编辑	赵露丹	**美术编辑**	韩　波
责任校对	马立改	**责任印务**	时小娟
产品经理	张金蓉	**特约编辑**	叶　青

父母会规划，孩子能成才

FUMU HUI GUIHUA, HAIZI NENG CHENGCAI

硕　阳　著

出版发行	浙江教育出版社
	杭州市环城北路 177 号　电话：0571-88900883
印　　刷	嘉业印刷（天津）有限公司
开　　本	700mm×980mm　1/16
成品尺寸	160mm×230mm
印　　张	17
字　　数	250000
版　　次	2025 年 5 月第 1 版
印　　次	2025 年 5 月第 1 次印刷
标准书号	ISBN 978-7-5722-9836-3
定　　价	59.80 元

如发现印装质量问题，影响阅读，请联系 010-82069336。

目　录

时代在变，
家长的教育观也应当升级

··

普通家庭，父母文化水平和收入有限，如何培养孩子

2 ♥

成绩不好，如何给孩子谋一条新的出路

3 ♥

想进入理想行业，
必须细致规划，稳扎稳打

关注情绪：别让孩子在你设定的
轨道里"艰难行走"

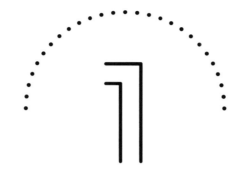

时代在变，
家长的教育观也应当升级

知识改变命运，
不等于学历改变命运

什么是知识

在当今社会，许多家长认为只有语文、数学、英语、物理、化学等才是知识，因而忽视了孩子其他方面的技能。比如，孩子修好了家里坏掉的电视机，或者孩子打篮球夺得全市第一。其实这些同样是知识的体现。

正是这种对知识的狭隘理解，使得"知识改变命运"这句话有了双重效果：一方面，它可能让孩子的命运变得更好；另一方面，如果家长过分追求分数和学历，忽视了孩子的品行和道德教育，那么知识就不一定能成为孩子命运的加分项。

因此，知识改变命运，并不意味着一定会让命运变得更好，关键在于我们如何理解和运用知识，真正实现知识的价值。

我心中真正的英雄

曾经有个孩子让我印象深刻，他的成绩不是特别好，但特别擅长跑步。最近，我得知他已经考上了大专，并且在大一时选择入伍，成了人民解放军的一员。更令我骄傲的是，他还是第一批进入河北涿州进行抗洪救灾的战士之一。

这个孩子在我心中，是个真正的英雄。

他有个特点，就是特别热心。当年在学校的时候，虽然大家都笑话他成绩不好，甚至有些同学还恶意散播他智商有问题的谣言，但他从不介意。我记得有一次学校开运动会，他是我们班 200 米和 50 米的参赛选手。在 200 米比赛中，他刚跑了一圈，旁边的评分台就被一个同学撞塌了。当时他暂列第一，但他却停下来，跑到评分台前帮老师把桌子扶起来。这一耽搁，后面的几个选手都超过了他，经过奋力追赶，他最终只得了第二名。这个孩子虽然成绩不是最优的，但他的善良和热心却深深地打动了我。

他的心态特别好，哪怕有同学拿粉笔头砸他、给他起外号，他也不生气。当时我严肃地批评了那些同学，他却心平气和地说："你们以后不要总朝我一个地方砸，别人会以为我长白头发了。"他的幽默和宽容让我印象深刻。

现在他已经成为一名士兵，回想起过去的种种，我意识到，其实他不经意间展现的天性，都预示着他的未来。无论他今后从事什么职业，他的善良天性和良好心态，都能让他得到主管领导的器重和欣赏。

那个句句不离父母的孩子

一般青春期的男孩，与父母的关系或多或少会发生微妙的变化，比如更喜欢与小伙伴一起玩耍，听不进父母的话。但我有个学生与父母的关系好得令人羡慕。在元旦晚会和毕业聚会上，当大家围在一起聊天时，他句句不离父母，说"我妈"怎么怎么样，"我爸"怎么怎么样。这其实是很少见的，因为很多孩子并不愿意与父母交心。

然而，就是这个家庭关系异常和睦的孩子，却连大专都没考上。后来，我在银行门口碰到了他妈妈，她告诉我，孩子高考失利后，就去西藏旅游，意外迷上了唐卡。他觉得唐卡特别漂亮，回来后，就开始搜集各种资料，了解唐卡的历史、技艺和市场。他发现唐卡可以卖出高昂的价格，就想自己也尝试做这门生意。他父母对此一无所知，认为需要专业学画画的人才能做，孩子表示愿意从学徒做起，一点点摸索和打拼。父母看到孩子的热情如此高昂，也就同意让他试一试。

就这样，孩子进了北京一家唐卡公司做助理，一待就是几年，其间几乎没有回过家。2022 年，孩子回到了老家安徽，给父母全款买了一套 100 多平方米的房子。当时，合肥的平均房价也要 2 万块钱 1 平方米。同时，孩子在北京也有房子且已经付了首付，还开着一辆奥迪A8。他之所以有这样的经济实力，是因为他已经拥有了一个工作室，专门做壁画和唐卡。

这个孩子虽然没有傲人的学历，却得到了父母的理解和支持，另辟蹊径找到了自己的兴趣点和事业方向。

你看，一个人的成功并不完全取决于学历或家庭背景，更关乎他的品行、目标感和谋划能力。这些品质和能力，才是决定一个人未来成就的关键因素。

品行不好的孩子，
学历再高也无意义

品行决定了一个人的高度

有的人能够真正运用知识改善命运，也有很多人因为拥有知识而让命运变得更糟。什么意思呢？就业市场中，不少博士研究生因为自己的高学历，对招聘单位产生过高的期望，总是对薪资待遇有种种不满。这种心态往往导致他们在职场中难以立足，即使找到工作也无法长久维持，最终选择回家"啃老"。

知识本身并不能确保一个人的命运一定变好，它只是带来了一种改变的可能性。在职场上，一个人能否让领导信任并重用，并不完全取决于他的学历，更多在于他是否靠得住，是否有强大的执行力。我曾听一个管理者说过：其实人才并不难找，难的是找到一个能力强又信得过的人、一个善良的人。

然而，现在的教育常常本末倒置。孩子成绩不好，老师一个电话找家长，家长就责怪孩子；孩子在学校欺负别人，家长又找老师问责。实际上，家长最应该重视的是孩子的品行、思想和人格的培养，知识并不仅限于语文、数学、外语等基础学科，只要是孩子感兴趣并愿意钻研的，就是知识。成绩不好并不意味着孩子智商不高或不优秀，如果孩子成绩下降了，家长应该先反思自己的教育方式，而不是一味地责怪老师。

最后，家长不妨问问自己：孩子是否品行端正？是否爱自己的父母？他的人格魅力如何？这些都在社交中起着至关重要的作用。如果一个人品行不好，即使学历再高，别人与他接触一次后也会躲着他，他未来也很难有大的发展。

父母可以做些什么

首先，父母应该让孩子多增长见识，比如带他们去旅游、参观博物馆。但家长需要注意的是，别把体验变成孩子的负担。真正的旅游应该是让孩子在海边自由地奔跑，迎着风大喊，围着火堆转。这样的体验才能让孩子真正增长见识，感受到旅游的乐趣。

其次，父母要尊重孩子的各种想法。比如，当孩子想吃烧烤时，不要只是一味地强调烧烤对身体不好，可以和孩子约定，如果他平时能够认真学习，周末就可以带他去吃烧烤。同样，如果孩子想吃肯德基、麦当劳，适当满足他的愿望也未尝不可，而且偶尔吃一次也不会对身体造成太大的影响。

再次，父母应了解孩子的性格。如果孩子天生好动，充满活力，那就让他去运动，哪怕跑得一身臭汗也没关系。如果孩子性格文静，不喜欢说话，那就引导他看书、画画或者做其他偏静的活动。很多家长总是强迫孩子做与他们本性相悖的事情，比如强迫好动的孩子坐下来看书背单词，文静的孩子则被迫去社交。这样做会让孩子感到不适应，因为这不是他们的兴趣所在，最终孩子就会自暴自弃，对什么都失去兴趣。

最后，让电子产品成为孩子学习的助手。父母应该让孩子在小的时候，就对手机、平板电脑等树立起正确的观念——它们只是工具，不应该沉迷其中。如果让孩子从小就在有监督的环境下接触电子产品，手机、平板电脑等就会像刷牙洗脸一样，成为孩子习以为常的一部分，孩子也就能学会控制自己使用它们的时间和方式。

相反，如果父母在孩子小的时候把电子产品藏着掖着，一旦孩子到了没有外在约束的年龄，就可能沉迷于电子产品，比如整天拿着手机聊天、刷视频、看直播、玩游戏，让自己活在手机里。

丢掉"铁饭碗"思维

"铁饭碗"，不香了

首先，我们需要认识到的是，国家虽然没有明文指出，但实际上已经在逐步缩减编制。2023 年下半年，这一速度明显加快了。由于人口出生率降低，小学、初中的师资力量过剩，国家提前做好了减负的准备。社区领导经常被派往小学、初中，与在编老师协商，希望他们能够转到社区工作，虽然保留相同的待遇，但老师们却不再拥有编制。

在大学里，领导也经常与老师们开会，讨论签署长期合同的事情。种种准备都指向一个发展趋势：现在体制内的工作将不再是"铁饭碗"，而是会更多地采用长期合同的形式，这是家长们需要正视的现实。

父母看不透、想不通的一个根本原因，就在于他们大多试图用自己小时候接受的教育观念和逻辑来培养孩子，他们让孩子考本科、考研究生，无非是希望孩子毕业后能拿到编制。殊不知，这种稳定思维往往是导致本科生、研究生毕业后找不到工作，与社会脱节的一个重要原因。

孩子毕业后，很可能五六百人争夺同一个乡镇公务员职位，只为那 5000 块钱的工资，这样的竞争，淘汰率高达 99.8%。而那些被淘汰的孩子，往往会在父母的鼓励下，选择再战一年。于是，孩子在家中埋头苦读备考，父母每天供养着他们，一考就是两三年。一个孩子寒窗苦读十几年，本来应该在风华正茂的年纪，用所学的专业知识投身工作，结果却在一年年的考公、考编中，错失了积累工作经验、人脉和提升综合素质的机会。

当然，我并不是说考公、考编不好，而是说要建立在合理的基础上。如果孩子第一次没考上，那么他应该立即去找工作，利用业余时间准备再次考试，关键在于绝不能让自己与社会脱节。

总之，父母需要更新自己的教育观念，不要再被稳定思维所束缚。大学生不能以考公、考编为读书的目的，而是要注重培养自身的实际能力和竞争力，只有这样，才能更好地适应未来的社会。

不靠谱的求稳思维

父母常常向孩子灌输一个错误的观念，那就是所谓的好单位是提供五险一金、员工拥有编制、与政府有关并享受财政补贴的单位。这种观念导致孩子对民营企业产生了偏见，认为进入民营企业只是暂时的过渡，于是一边工作一边备考公务员或事业单位，这样的心态无疑会让孩子在初入职场时给人留下不好的印象。

现在，家长们普遍存在一种病态的思维。比如，当孩子表示对旅游行业感兴趣时，家长会立刻表示反对，因为他们认为旅游行业不稳定，无法与事业单位或公务员的稳定工作相提并论。他们担心孩子一旦从事了这个行业，万一工作不稳定或者丢了饭碗，该怎么办。这种担忧导致许多父母认为孩子应该一直努力工作，直到退休。

然而，我接触到的大学生的思想却与父母截然不同。他们认为，在35岁之前应该拼命地赚钱，积累足够的财富，以便在35岁之后能够享受生活。如果他们觉得无聊了，再考虑找份工作。他们的目标是存到足够的钱，为自己的人生提供一个真正的保障。

这种思想认知与父母产生了巨大的差异。现在很多年轻的网红，无休止地直播，知道自己可能红不久，也许只有一两年的时间。但在这段时间里，他们获取的收入可能超过别人好几辈子的收入。

现在的孩子，有不少思想认知与父母处在完全对立的状态。他们不再像父母那样看重稳定的工作和收入，而是更加注重个人的成长和价值的实现。他们愿意尝试新的事物，挑战自己的极限，追求自己的梦想。

也有一些孩子因为求稳，导致人生经历中间出现了断层。当这些孩子再去企业面试时，往往会遭遇尴尬。企业看到他们毕业两年了，首先就会问他们有哪些工作经验。这些孩子只能回答没有工作经验，这两年都在家考公、考编。从企业的角度来看，这样的孩子学习能力一般，因为考了两年都没考上；而且年纪这么大了还没有工作经验，企业自然不愿意要他们。

这也是很多本科生、研究生最后无奈选择送外卖的一个原因。这是家长用过时的教育观引导孩子发展的可悲结果，也是一个普遍现象。父母需要更新教育观念，引导孩子适应社会的发展变化，培养他们的实践能力和竞争力，让他们能够更好地融入社会、实现自己的价值。

为什么孩子不愿意去找工作

有些孩子选择考公、考编或考研，其实是因为他们不想这么早进入社会，想逃避现实。他们可能觉得，只要还在复习、迎考，就有一个不去工作的借口，比如他们在家考公务员，这样别人就不会说他们什么。这种逃避的心态，其核心问题往往在于家庭教育。

有些父母从小就会给孩子灌输一些观念，比如学习好以后就能做这个、学习不好就会很辛苦、去这个单位有面子、民营企业不稳定等。这些思想会潜移默化地影响孩子，让他们认为考公、考编不仅有面子，而且工作轻松，各方面都好。

此外，有些家长认为孩子一定要考高中，只有考高中才能读大学，只有考高中才叫读书，这是一种非常错误的思维。实际上，现在的社会多元化发展，提供了很多不同的教育路径和职业发展机会。孩子可以根据自己的兴趣和优势选择适合自己的道路，而不是被单一的高考标准所束缚。因此，作为父母，我们需要更新教育观念，引导孩子正确地看待考公、考编和高考等问题，让他们能够做出适合自己的选择，实现自己的人生价值。

当年轻人开始寻求边界感

在如今这个快节奏、高压力的社会中，很多人之所以感到疲惫不堪，往往是因为他们没能清晰地界定并坚守自己的底线。这种模糊不清的界限，不仅让他们在人际交往中屡屡受挫，更使得他们在追求个人价值与幸福时迷失了方向。然而，随着"00后""10后"孩子的成长，他们正以一种前所未有的通透与务实态度，重新定义着生活的意义与方式。

得益于信息时代的丰富资源，这一代孩子从小就接触到了多元化的思想与文化，极大地拓宽了他们的认知边界。他们不再盲目追随传统观念，而是更为独立地思考未来，勇敢地表达自己的想法与选择。从"不生孩子""不结婚""不买房"等看似叛逆的言论中，我们不难窥见他们对于个人幸福的理解与追求。他们更加注重自我实现与内心满足，而不是外界强加的社会角色与期望。

很多家长可能一时还无法理解这种思想的转变，但在我看来，这正是一种深刻的思想进步。孩子们开始意识到，稳定的工作环境并不一定意味着真正的幸福，幸福源自内心的充实和高度的自我效能感。他们学会了为自己而活，不再为了迎合他人而牺牲自己的真实感受。

家长应当尊重孩子的边界，这能帮助他们形成独立自主的个性与价值观。我们作为见证者与参与者，只有与时俱进地给予孩子们支持与鼓励，才能让他们在未来的道路上走得更加稳健与自信。

人生没有"一劳永逸"

最近，我遇到了一位朋友的孩子，他毕业于一所知名学府，学的是土木工程专业，可他自己对这个专业并没有太大兴趣。毕业以后，他选择留在老家，日复一日地投递简历，尽管已经投出 200 多份，却一直没有收到满意的回复。眼见求职无望，他转而开始准备考研和考编，然而，半年的努力也并没有换来理想的结果，这让他倍感迷茫，似乎失去了前行的方向。

其实，这已经不再是一个简单的就业难题，而是反映出一种普遍的社会现象：许多家庭对孩子的教育寄予了过高的期望，以为一张文凭就能确保孩子一生的安稳。殊不知，现实远比这复杂得多。20 岁出头的年纪，正值人生起步阶段，怎么可能靠一张文凭或一份体制内的工作就一劳永逸呢？

现在大家对于公务员这份职业也存在认知偏差，基层公务员工作繁重且压力巨大，晋升之路更是充满挑战。随着国家政策的调整，公务员津贴的缩减也使其优势逐渐淡化。因此，家长应调整心态，鼓励孩子勇于探索多元发展的路径，而不要一味追求所谓的"铁饭碗"。

即便有些孩子家庭条件比较好，家长仍然会焦虑，他们迫切希望给孩子铺设一条通往名校的坦途，提供"贵族精英"般的成长环境，在他们看来，只有给予孩子足够的物质保证，孩子才能前途无忧。其实，每个孩子的潜能与价值，并不是由学校的名头或物质的丰富程度来定义的。对于孩子来说，一个健康的体魄、一个充满爱的家庭，才是成长道路上最强大的助力。良好的品质，远比任何外在的光环更加闪耀，家长可以在能力范围内，给予孩子最适合他们的教育，陪伴他们快乐成长，这才是最好的选择。

就业难，卷学历就有用吗

应届生为何就业难

在大多数普通家庭中，虽然父母非常重视孩子的教育，但孩子却普遍缺乏明确的读书目标。他们从小便被严格限制接触电子产品，被灌输各种"努力学习，争取高分"的要求。然而，过度的压力导致孩子在进入大学后彻底放松，把大学视为释放压力的场所，而不是学习就业技能的地方。因此，许多孩子在大学四年里，并没有掌握实际的就业技能，这就使得他们在步入社会时，面临非常有限的就业选择。

与此同时，国家为了延缓就业压力，采取了各种措施，包括硕士、博士的扩招。然而，这种做法又使得学历不断贬值。课堂上传授的理论知识与社会需求脱节，而社会真正需要的东西，学校又教授得不够。

特别是在那些高学历人才饱和的大型企业中，即使你拥有硕士、博士学历，也不意味着能在公司里获得真正的发展机遇。

再者，企业对于员工的期望与现实也存在差距。学历和专业背景固然重要，但企业更注重员工的实际能力和价值创造。新员工在试用期内，如果不能为企业创造价值，就有很大可能被劝退。此外，许多孩子在为人处世方面的稚嫩，也影响了他们在职场上的表现。而那些初创型、生命力强的企业，如当年的阿里巴巴，会更看重员工的技术。因此，对于孩子来说，除了应试外，还需要注重培养自己的实际能力和特长，以期在未来的就业市场中获得更好的机会。

我在学校的回访调研中发现，许多孩子在工作半年后，仍然不能完全适应企业氛围。他们倾向于提前下班，享受闲暇时光，却忽视了在职场上的拼搏与努力。近年来，企业的生存压力骤增，许多企业开始取消对学历的限制，更加注重员工的实际能力和绩效表现。因此，那些有能力但学历一般的人往往更受企业欢迎，他们为了生活而拼命工作，展现出了更强的竞争力和适应力。

理想的羽翼不能总在翱翔

许多人至今深信，唯有闯过千军万马争抢的独木桥，方能证明自己的价值。他们普遍认为，轻易获得的东西往往配不上自己的才华，这种心态在求职过程中尤为明显。比如，有学生面试后获得6000元的薪资提议，却认为这是企业对自己的低估，甚至觉得企业在压榨自己。这种心态让企业老板们颇为头疼，他们反映现在招聘应届毕业生时常常感到为难。因为这些学生刚从象牙塔里走出来，对社会抱有诸多不切实际的幻想。有时老板因应酬稍晚到公司，竟发现员工在工位上浏览律师教授如何申请劳动仲裁的内容，这让老板不禁感到害怕。

每年6月，应届毕业生开始涌入求职市场，他们都会经历试用期或实习期的考验。然而，并非所有人都能顺利留下，大部分毕业生可能会面临被淘汰的命运。此时，他们往往会寻找各种方式维权，试图为自己争取一些经济补偿。

更令人震惊的是，曾发生过这样一起真实案例。一名本科生员工在上班期间三次被监控拍摄到玩游戏，公司依据规定决定在试用期结束后不予录用。然而，这名员工却早已准备好应对方法，他请来律师与公司交涉，最终法院判决公司赔偿员工8万元。这个案例在该企业所在的圈子中迅速传播，给大学生群体带来了不少负面影响。

我认为，这些问题的根源在于教育过程中家长过于重视成绩，而忽略了孩子作为社会自然人应该掌握的其他方面的知识。知识并不仅仅来源于教材，社会能力也不仅仅指社交能力，它包含着孩子进入社会后所需具备的方方面面的能力。然而，这些却是我们教育过程中常常被忽略的部分。

我们只教会了孩子如何读书，却忽略了他们进入社会后所需的其他能力。因此，当这些孩子真正踏入社会时，他们往往会感到无所适从，各方面都显得力不从心。企业领导或管理者一眼就能看出哪些应聘者是可用的，哪些是用不了的。这不仅是因为他们专业能力不足，更是因为他们缺乏适应社会的能力和素养。

因此，我们应该在教育过程中更加注重培养孩子的综合素质和社会能力，让他们能够更好地适应社会的需求和挑战。同时，家长和学校也应该加强对孩子的引导和教育，帮助他们树立正确的价值观和职业观，避免陷入不切实际的幻想和误区。

早年，我的工作重心更多地聚焦于升学指导，特别是针对"考研"这一热门话题。然而，近年来随着学校领导的战略调整，我的工作重心已逐渐转向就业层面。

以 2021 年为例，当时我们学校面临一个紧迫任务：解决博士生就业难的问题。多数博士生毕业后难以找到合适的工作，既不符合一般企业的需求，也难以全部进入科研所，加之疫情的冲击，使得这一问题愈发凸显。

鉴于此，我们决定搭建一个全球性的公益平台，旨在帮助这些高智商、有学识的博士生实现其创意的落地。这个平台吸引了来自世界各地的创意者，他们带着各自的奇思妙想寻求实现的可能。比如，我们曾接待过一位年轻的女性客户，她构想了一款无须手动操作的卸妆仪，形如面具，佩戴后便能自动完成卸妆。

通过我们大学的平台，我与她取得了联系，并成功促成了一项 4 万美元的合作。这笔资金直接对接到了我们学校的一位专注于人体工学研究的博士生，他获得了 3 个月的时间来攻克这一课题。不仅如此，完成研究后，政府还会为他提供一笔额外的奖金作为鼓励。

这一案例不仅解决了博士生的就业问题，也实现了创意与科研的有效结合，正符合我一直强调的底层逻辑：通过创新与合作，为高学历人才搭建实现自我价值的桥梁。

当学历不再是衡量人才的唯一标准

在当下，学历的稀缺性正逐渐淡化，本科院校纷纷设立博士点，使得博士学位的获得变得相对容易，其价值也因此被稀释。更令人深思的是，许多人对学历的追求已偏离其本质，学历不再是学术或专业研究深度与成果的自然体现，而成为一种盲目追逐的目标。许多学生将获取学历置于首位，却忽视了自身能力与实力的培养，这种本末倒置的现象值得我们深刻反思。

回顾往昔，学历是能力与成果的象征，是自然而然的结果。而如今，人们却往往为了学历而学历，不惜一切代价追求一纸文凭，却忽略了文凭背后应有的真才实学。这种变化不仅体现在学历获取的方式上，更体现在整个教育体系的导向之中。比如，在影视导演行业，曾几何时，导演资格是通过实际作品的成功与被认可来获得的，而今，即便拥有北京电影学院导演系的本科文凭，也未必能胜任导演一职。

此外，当前获得学历的途径日益多样且相对简单，无论是专升本、专套本，还是海外留学，都为追求学历者提供了便捷的通道。然而，这样的学历往往缺乏含金量，难以真实反映一个人的能力与水平。因此，我们不禁要问：在这样的背景下，孩子们是否过于追求分数，而忽视了真正本领的培养？

　　作为父母，应引导孩子树立正确的价值观，重视本领的积累而非分数的堆砌。毕竟，企业在招聘时更看重的是应聘者的实际能力与潜力，而非单纯的学历光环。短暂的面试或许难以全面评估一个人的才能，但长期的工作表现与成果终将揭示真相。因此，我们应鼓励孩子在学习之余，多参与社会实践、项目研究等活动，不断提升自己的综合素质与竞争力。

怎样让孩子成为
未来职场需要的人才

企业需要的是怎样的人

我有幸踏入了京东方的大门，这家在中国液晶显示屏领域独领风骚的企业，以其卓越的自主研发能力，成功打破了三星的全球垄断，书写了中国科技的新篇章。尽管我毕业于成都理工大学，一所虽为双一流却非传统"985"的高校，但这份对京东方事业的向往，让我毅然决然地投递了简历。

初次提交申请时，我并未被直接纳入考虑范围，面对这一挫折，我并未放弃，而是在留言中真挚地表达了自己的心声："正因我非'985'出身，我更加懂得珍惜与努力，不愿被任何人轻易超越。"这份坦诚与勇气，意外地触动了一位北京大学硕士毕业、刚加入京东方的人事主管。他不仅回复了我的留言，更邀请我前来面试，给予了我一个宝贵的机会。

我迅速响应，连夜从成都飞往面试地点，准备充分，信心满满。面对众多来自河北工业大学、南京大学等顶尖"211""985"院校的竞争对手，我并未感到丝毫畏惧。面试过程中，我凭借扎实的专业知识、清晰的逻辑思维以及对京东方文化的深刻理解，赢得了面试官们的青睐，尤其是我的那句留言，被领导视为亮点，成为最终决定录用我的关键因素。

入职后，我担任了与领导紧密对接的安全生产管理人员，每日沉浸在数据的海洋中，精心制作各类报表，实时追踪生产进度，及时汇报潜在问题。这份工作虽然烦琐，但我却乐此不疲，因为它让我深刻感受到了自己对于企业的重要性，也见证了京东方在科技创新与安全生产方面的卓越成就。这段经历，不仅让我收获了专业技能的提升，更让我学会了如何在逆境中坚持自我、勇于挑战，最终实现自我价值的飞跃。

事实上，我身边有许多大专毕业的朋友，他们凭借出色的为人处世能力和社会智力，在职场上混得风生水起。这让我更加坚信，未来的社会将更加注重个人的实际能力和社会适应力。因此，我们不应一味追求让孩子读本科，甚至将是否读本科视为衡量一个人成功与否的唯一标准。这种思想在乡村、县城或镇上尤为普遍，但这是一种不应有的偏见。我们应该鼓励孩子们根据自己的兴趣和天赋去发展，去追寻真正属于自己的成功之路。

在当今社会，培养孩子的思维灵活性与创新精神显得尤为重要。规则固然重要，但人的智慧与创造力更是无价之宝。面对求职挑战，不应仅被表面要求所限，而应勇于展现自我，将不利条件转化为优势，这正是现代孩子所缺乏的灵活应变能力。

过去的我们，或许更擅长以小脑袋探索大世界，而今的孩子，思维却似乎趋于线性，一遇到门槛便轻易放弃，缺乏主动探索与打破常规的勇气。我们应鼓励孩子跳出框架思考，勇于尝试，认识到规则并非不可逾越，而是为更高效地实现目标而设。

在招聘过程中，学历虽为参考，但企业真正看重的是应聘者的内在能量——解决问题的能力、情绪管理的能力以及自我驱动的动力。企业寻找的是能独立思考、积极面对挑战的成年人，而非需要时刻呵护的幼苗。因此，培养孩子的综合素质，激发其内在潜能，远比单一追求学历更为重要。

有一些孩子的家长认知层次较高，他们关注的焦点主要有两个：一是如何为孩子选择合适的专业，二是如何引导孩子形成更为全面的价值观。这些家长眼界开阔，见多识广，他们不希望孩子仅仅成为做题的机器，而是期望孩子能够具备更为立体、多元的能力，如社会交往能力和情绪管理能力等。这样的期望体现了家长们对孩子未来发展的深思熟虑和全面规划，他们希望孩子能够在未来的生活和职业道路上，凭借这些综合能力，走得更远、更稳。

教育系统在升级，家长和孩子的认知也必须升级

30 年前，读大学之所以能改变命运，是因为当时大学生稀缺。如

今，随着教育普及，本科文凭已不再像过去那样物以稀为贵了。有些家长不能接受这种转变，依然认为靠一纸文凭，孩子就能高枕无忧，这显然是不切实际的幻想。与高考赛道同样竞争激烈的还有考公、考编，一个乡镇公务员的职位，竟然有成百上千人争夺，淘汰率高达99.8%。

如今，国家急需科技创新来推动发展。高考，作为选拔人才的重要途径，其目的就是筛选出那些真正有天赋、有创新能力的人才。过去那种单纯依靠吃苦＋汗水的方式，已经难以适应科技创新领域的需求。我们会发现，通过疯狂补课获取高分的孩子，并不一定能在科技创新领域有所建树。

教育领域也需要像中国发展汽车行业一样，寻找新的赛道。西方在内燃机领域已有近百年的发展历史，如果中国此时才开始发展内燃机，无疑会受制于人。于是，我们选择了新能源这条新赛道，成功打破了西方的技术优势，比亚迪等企业更是跻身全球销量前十。

因此，现在国家希望通过改革教育系统、教材内容和升学模式，来激发各个领域真正有天赋的人才。这样的改变，对于国家筛选人才来说是非常有益的。补课或许还能让分数有所上涨，但无法满足国家对于人才的需求，无法真正培养学生的创新能力，也会埋没掉有才华、有潜力的学生。

我相信，随着教育系统的改革和升学模式的优化，国家一定能够选拔出更多真正有天赋、有创新能力的人才，为国家的科技发展注入新的活力。与此同时，职业教育的兴起，能够提高年轻人的就业率，进而让他们有条件组建家庭。因此，家长们要能理解教育改革的深远意义，正视时代转变的现实，引导孩子根据自身情况和天赋，寻找最适合自己的升学路径和发展道路。

电子产品不是洪水猛兽

孩子玩手机，只是在寻找快乐

经常有家长跟我抱怨，说孩子整天沉迷于手机和平板电脑，认为就是这些电子产品让孩子不爱读书。那么请问，当年没有手机的时候，大家都考上清华、北大了吗？答案自然是否定的。我想告诉家长的是：孩子玩手机，并不是因为手机本身有多大的诱惑力，而是他们在寻找快乐。

现在的孩子面临着巨大的学业压力，每天的生活就是往返于学校和家，生活十分枯燥。在大城市长大的孩子，甚至不认识自己的邻居。回想我们小时候，晚上和父母吃完饭，一家子还能热热闹闹地看《家有儿女》《武林外传》等电视剧，或者与小伙伴们在家附近玩耍，这些都是成长中美好的回忆。

父母不仅不能责怪手机，反而应该感谢手机，从某种程度上来说，手机已经成为孩子寻找快乐的一个途径。有些家长认为孩子就应该学习，不应该寻找快乐，那么我想问问，为什么很多大人下班后会与同事、朋友一起喝酒、吃饭？为什么会躺在沙发上刷手机，对孩子爱搭不理？原因很简单，在紧张忙碌一天后，每个人都在寻找让自己松弛片刻的方式，孩子也不例外。

游戏可以成为孩子生活和学习中的一种调剂，关键是要避免沉迷其中。当游戏成为孩子生活和学习中的一部分时，他们就不会过度沉迷。孩子之所以玩游戏玩到晚上不睡觉，是因为他们觉得今天玩了之后，明天可能就没机会玩了，所以要拼命地玩。如果孩子每天都能接触到手机，他们就不会有那么大的欲望——抱着手机不放了。

什么是"纸包火"的教育观

我曾经采访过一位北大教授，他说自己有个学生，人非常聪明，但自从考上北大后，就放飞自我整天玩游戏。因为他在高中阶段，几乎没有接触过电脑。进了大学以后，他接触到了网络游戏，就沉迷其中不能自拔。最后，由于旷课和零学分，他被学校劝退。让人意想不到的是，他再次参加高考，又一次考上北大，可还是不愿意学习，同样的劝退再次上演，令老师们也哭笑不得。

教授说，这并不是一个个例，他的学生中有很多这样的情况，考上北大后反而无法完成学业。为什么会这样呢？这是因为他们在中学阶段，想要放松和娱乐的想法被压制得太狠了，进入大学后，他们一下子拥有了自由和快乐，以致他们无法控制自己。被劝退后，这个学生在老家的奶茶店打工，他本来有机会考取南京一所院校航空航天专业的研究生，但因为大三时考试挂科，补考都不参加，只顾着打游戏，最后只能被劝退。

类似的事情引起了教授的思考，他提到，为什么有人会因为体验到一种看似简单的快乐，就轻易地放弃了自己的学业和未来？这背后的原因，或许在于他们从未感受过真正的快乐。因此，即便是那些被视为"低级"的快乐，如打游戏带来的短暂愉悦，也足以让他们深深着迷，甚至诱使他们偏离正轨。这里所说的低级快乐，就是以打游戏为代表的浅层次满足，是由体内多巴胺的短暂飙升所带来的快感。

那么，什么是"高级"的快乐呢？就是那些能够触及我们灵魂深处的愉悦，比如聆听一场音乐会、欣赏一部歌剧，那种由内而外的美的震撼，不仅不会让人沉迷，反而会让人更加清醒、更加珍惜生活。

家长们要明白的是，快乐并不是只有低级与高级之分，而是多种多样的。如果我们将手机、游戏机等电子产品视为洪水猛兽，一味地将它们与孩子隔绝，那么孩子长大后，很可能会被这种最简单的低级快乐所诱惑。这种教育方式，就像用纸去包火，虽然暂时能压制孩子的欲望，但总有一天，那团火会冲破纸的束缚，熊熊燃烧起来。这就像谈恋爱一样，如果一个人从小就被灌输"不能谈恋爱，女人／男人都是坏蛋"的观念，那么当他/她某一天真正爱上一个人时，那份感情对他/她来说，无疑会充满难以抗拒的吸引力。

因此，我认为，与其让孩子完全隔绝手机，不如让他们从小就开始接触。当然这并不是说让孩子无节制地玩手机，而是要由家长来控制时间，比如每天不超过30分钟。根据我多年的教学经验，我发现孩子们在接触手机四五年后，就不会再对手机抱有强烈的兴趣，他们并不会一直沉迷其中。

那么，我们该如何平衡孩子与手机的关系呢？

首先，父母不必谈电子产品就色变，这样只会让孩子更加好奇和向往。

其次，父母也不用总是把手机藏起来，完全可以大方地让孩子接触，甚至可以和孩子一起玩益智类游戏。这样既能让孩子感受到游戏的快乐，又能增进父母与孩子之间的感情。

当孩子玩手机的时间多了，水平提高了以后，他们就会不自觉地追求更高级的东西。其实大部分小孩都是很容易满足的，只要我们给予他们适当的引导和陪伴，他们就能健康快乐地成长。

三个成就孩子未来的好"缺点"

如果孩子是个小话痨

周末逛街或者坐公交车，但凡遇到带孩子出行的家庭，基本都会伴随着孩子叽叽喳喳的说话声。不管大人怎么教育"不要说话"，孩子安生不了一会儿，就又会叽叽喳喳说起来。

在大多数家长心目中，小孩插嘴是不懂事的表现。我们从小受到的传统教育，就是在外面要少说话，多听别人讲，这在潜移默化中告诉孩子：隐藏自我。在与孩子沟通时，许多父母一听到孩子发表与自己相反的观点，就会驳斥，说："小孩子懂什么？"这些做法都会让孩子越来越不敢表达自我。

我在初中任教时，就观察到这样的变化。初一的时候，孩子们通常很开朗、活泼，愿意与老师交流。到了初三的时候，你再与他们交流，会发现他们的眼神变得躲闪，似乎不敢与老师对视。这通常是因为他们被父母训斥多了，尤其是成绩不好的孩子。他们不愿意主动与人交流，对父母的话也只是简单地回应"嗯""好"，活力值直降80%。

我能理解父母对"言多必失"的担忧，但我认为，在孩子小的时候，即使说错了也无妨。如果孩子在自己家里，在父母面前都不敢展现真实的自己，难道要指望他步入社会后，会立刻转变为社交达人吗？尤其过去几年的网课学习，使得孩子们愈发封闭，缺乏社会适应能力。在这样的背景下，我们更要创造条件锻炼孩子的表达能力，因为他们未来需要向他人展示自己的经历、能力、个人价值。因此，我认为孩子从小爱讲话，实际上是一种长处。口才与表达不仅关乎孩子的情商，更是他们立足社会的重要能力。

接下来，我想分享一个女孩的经历。她曾是我的学生，可能因为父母工作太忙，无暇顾及女孩的生活，她话多的"毛病"没有被大人纠正。从四川成都转学到安徽合肥后，她表现得特别爱讲话，尤其喜欢在上课时插话，为此，她没少被罚站。她的成绩不算好，后来读了中专，又考取了一个全日制大专。

毕业后，她靠打零工养活自己，一次偶然的机会，我又与她取得了联系，得知她现在成了一名主播，收入非常高。她在直播间的撒手锏就是能讲，控场能力很强，她脱口秀式的表达深受大家欢迎。她今年才21岁，已经有了自己的公司，手下有30多个人。她平时开着保时捷，除了自己住的一套房子，还给父母买了套大平层。

在如今这个时代，社会更能包容有个性、口才好的人，他们很容易脱颖而出。因此，父母不必一味制止和批评孩子的唠叨。也许，下一个成功的主播或演说家，就隐藏在我们身边的孩子中。

好动不是病，不肯动才愁人

有一位才华横溢的作家，非常擅长讲述人生哲学与励志话题。短视频兴起后，她成功转型为一名备受欢迎的博主。你可能想不到，这样一位成功人士，小时候曾被诊断为多动症。她坐不住，总是不停地动来动去，话也特别多。在学校里，她成了老师眼中的"问题学生"，被安排坐在讲台旁边，让老师可以随时监督。那时候，她几乎成了班里最差的学生，所有人都厌烦她。

正是这样一个看似"问题重重"的孩子，却凭借自己的努力和天赋，取得了事业上的成功。她拥有超乎常人的想象力和创造力，这些天赋让她能够创作出精彩纷呈的故事，受到无数读者的喜爱。她的好动在很多人看来是一个毛病，但好动也让她思维活跃、充满创意。像马克·吐温这样的伟大作家，也曾有多动的问题，但这不影响他创造出属于自己的辉煌。

作为一名老师，我特别喜欢活泼好动的孩子。首先，我认为好动至少证明孩子身体能量充沛，他们浑身散发着活力，让别人不敢欺负他们。相反，那些老实巴交、不善沟通的孩子，更容易成为被霸凌的对象。

其次，现在的孩子参加户外活动越来越少了，这让我感到有些担忧。相比之下，80后、90后，尤其是70后那一代，他们的童年有更多机会去爬山、抓虫子、玩沙子，与小伙伴摔跤打架。虽然他们在物质层面上相对匮乏，但他们拥有拼搏的意识，会想尽一切办法克服困难，不会轻易陷入抑郁或自杀的困境。

反观现在的很多小学生、初中生，时常表现出抑郁气质，骨子里缺少活力。我认为这与他们缺乏足够的运动有一定关系。因此，家长要鼓励孩子多参与户外活动，增强身体素质，培养积极向上的心态。同时，我们也应该理解并接纳孩子的好动天性，不要过分限制他们的行为。参加户外活动不仅有助于解决孩子的心理问题，还能从小培养孩子敢拼敢抢的性格，这种精神和性格不是靠上课或做题就能培养出来的。

举个例子，现在大学里有些男孩子6个人住一个宿舍，晚上因为两只蟑螂就吓得出去住宾馆，还打电话给辅导员说不敢回宿舍住。这些孩子从小就被父母教育"这个不能碰""那个好脏""不要乱跑，否则会一身汗"。这样教育出来的孩子，还怎么会拥有不畏艰险、敢于探索的精神和气魄？

爱"臭美"的孩子最可爱

我们常说的以貌取人，似乎带有些许贬义，但外貌确实是人际沟通时的最初评判标准，也就是所谓的第一印象。我想告诉家长们，孩子如果从小就关注自己的发型和面容，其实不是一件坏事。一个爱美、得体的孩子，长大后也许能获得意想不到的机会和资源。

我见过不少成绩优秀的孩子，他们不太在乎自己的形象，有的头发凌乱，甚至好多天不洗，更有甚者穿着拖鞋就去面试。这样的形象，即使成绩再好，企业也会将其拒之门外。因为员工的业务能力固然重要，个人的外在形象也不可或缺。如果两个学历差不多的人一起面试，HR 肯定会优先考虑形象好的那个人。

尤其很多县城、农村的家庭，父母可能更关注成绩，忽略了这一点。很多家长受到传统文化的影响，认为孩子如果打扮得过于花哨，就显得不正经。这种观念导致一些女生产生"美丽羞耻"的心理。所以，家长首先要改变观念，打扮得体不仅能让自己产生自信心，也是对他人的尊重。就像我平时要谈合作，如果邋里邋遢地去见人，人家会觉得我不重视他们。作为家长应该让孩子明白，打扮得体并不是不正经，而是一种礼貌和尊重。

我有个学生，2023 年 6 月研究生毕业，因为她的男朋友在陕西一家航空航天单位从事芯片研发工作，所以她决定到陕西找一份工作。

然而，她在陕西的求职之路并不顺利，处处碰壁，始终没能找到符合自己期望的单位。于是，她回家休整了一个月。然后，她带着从父母那里借来的 3 万块钱，前往杭州寻找工作机会。在这期间，她做出了一个出人意料的决定：用这 3 万块钱购买了一件高品质长风衣和同品牌的包。没多久，她就成功入职了一家杭州的公司，待遇相当优厚：税后月薪 2 万元左右，工作强度也不算高，每周都能抽出时间去周边自驾游玩。

后来，我好奇地问她是如何找到这份工作的。她坦言，之前在陕西求职时，因为自己外表像个假小子，个子也不高，遭到了一些单位的冷遇。很快她就想到"人靠衣装马靠鞍"的道理，决定购买一身像样的行头来提升自己的形象。

在杭州这家公司面试时，HR 确实打量了她的着装和手上的包，并询问她在读研期间是否有过工作经验。她回答说没有正式的工作经验，但在读研期间与导师一起做过项目和课题研究，并产生了一些经济效益。HR 由此认为这个女孩子具备赚钱的能力，至少见过不少钱，这对她的被录用产生了积极影响。

在后续的面试中，HR 更多表现出的是对公司能否吸引这个女孩的担忧，而不再是单纯的考查。女孩情商很高，没有立刻同意签约，她表示自己综合考虑几家公司给出的薪资后再做决定。

面试当晚，公司的老板亲自加了她的微信，询问她是否愿意做一段时间试试，女孩最终欣然接受了这份工作。在我看来，她的着装无疑为她加了不少分，这身装扮让人觉得她见过世面，一个大学刚毕业的孩子，能穿着得体，人们就会相信她在读研期间通过做课题或项目赚到了钱。既然她有创造价值的能力，企业自然愿意给她一个机会。

美商是可以从小培养的，现在有些穿搭博主就是通过教人穿衣搭配，获得了巨大的流量。美本身就是一种势能，它能为我们带来更多的机会和可能性。

当然，我们在鼓励孩子注重形象的同时，也要教会他们如何在经济条件允许的范围内，根据自己的气质和场合选择合适的装扮。

真正践行"扬长避短"的教育观

正确的教育理念，核心在于发现并放大孩子的长处，规避其短处。在应试教育的大背景下，许多家长往往因孩子的成绩而一叶障目，过分看重分数，以至于忽略了孩子在其他方面的表现和潜力。一个成绩优异的孩子，虽然经常欺负同学、不尊重长辈，但家长可能会选择视而不见。而对于成绩不好的孩子，家长往往有种心理——成绩都不行，还有什么能行，忽视了孩子可能拥有的优点和才能。

比如，有的孩子虽然成绩平平，但口才出众、情商高、善于与人打交道，家长却认为这样的孩子话多、浮躁、不务正业。有的孩子从小便展现出对绘画的热爱，他们沉浸在自己的小世界里，用画笔描绘情绪、表达对事物的理解。他们的天赋在于直觉和艺术创造，而不是记忆与逻辑思维。有些孩子虽然艺术感受力不强，但对电子产品或机械流程化的东西有着敏锐的感知力。还有些孩子身体素质出众，活力四射，擅长多种体育运动，家长们也不能简单粗暴地给他们贴上"四肢发达，头脑简单"的标签。

我相信，家长们都想看到自己的孩子学有所长，不希望孩子同质化、工业化、机器化。但在日常生活中，很多父母依然会要求孩子能够安静下来，乖乖地听从指令，完成书本知识的学习。问题的根源在于，应试教育实行多年，巨大的惯性让家长不敢轻易改变以成绩为唯一标准的认知，扬长避短虽然是一个简单的道理，但要让父母真正接受并践行这一教育观，还需要深刻的观念转变。

任何改变都需要时间，最重要的是，社会需求和国家导向都在发生变化，家长们扭转心态也只是时间问题，对此，我充满信心！

普通家庭，
父母文化水平和收入有限，
如何培养孩子

普通家庭，也可以"富养孩子"

用稀缺品质富养孩子

对于那些文化程度或许不高、家庭条件相对普通的家长而言，面对他人丰富的教育资源与五花八门的育儿技巧时，难免会感到一丝焦虑与自卑。但请记住，真正的教育价值并不完全取决于外在资源的堆砌。

在此，我想向所有家长传达一个核心理念：孩子应具备的真正本领，远不止书本上的知识与分数。在追求孩子学业成绩的同时，我们往往忽视了这更为本质的一点。生活中无处不在的实践知识与生存技能，同样是孩子未来立足社会的宝贵财富。

家长们无须过分纠结于自己能为孩子提供多少教育资源，而应着眼于如何引导孩子探索未知，掌握实用技能。比如，通过日常生活中的点滴教诲，让孩子了解农作物的生长过程，体验从田间到餐桌的每一个环节。这些看似简单的知识，实则蕴含着深厚的智慧与实用价值。

用一技之长富养孩子

即便孩子的文化课成绩不尽如人意，只要他们能在某一领域深耕细作，掌握一技之长，同样能在未来社会中发光、发热。比如，精通农耕技术的孩子，通过进一步的学习与实践，可以成为农业领域的专家或技术员，为农民提供专业服务，其收入与社会地位未必逊色于高学历人群。在如今这个多元化的时代，稀缺性与实用性往往决定了一个人的价值所在。

父亲如果擅长维修与电工，可从小向孩子传授机械运转原理与维修知识。孩子未来如果投身飞机机电维修，收入可观，前途无量。家长应拓宽对教育与知识的认知，避免狭隘化。如果所有高学历青年皆涌入公务员考试的考场，国家发展将受限。掌握丰富教育资源的青年更应勇于探索多元领域，为国家发展贡献力量，而非局限于稳定职业。

未来，无论是将孩子送往国外深造，还是积累丰厚的物质基础，都应量力而行，这些并非衡量幸福与成功的唯一标尺。我更建议家长们，在忙碌之余，不妨走进医院的重症监护室，那里是生命最真实的写照。目睹那些与病痛抗争的孩子，你会深刻体会到，孩子的健康才是无可替代的财富。

　　父母给予孩子最宝贵的财富，并非他们自身的学历或物质条件，而是身心健康、家庭和睦以及健全的人格。良好家庭环境的营造，与父母的学识或收入无直接关联。即便在父母月收入有限、学历不高的家庭中，父母依然能够通过爱与关怀，确保孩子健康成长、家庭氛围温馨和谐，从而培养出拥有良好品格与高情商的孩子。家庭，作为情感的摇篮，给予孩子最纯粹的爱与温暖，这是任何物质都无法替代的。

　　最终，这样的孩子步入社会后，定会因其阳光、干净的形象与卓越的为人处世能力而广受欢迎。无论身处何种行业，他们都能以出色的人品与情商赢得尊重与喜爱，成就自己的精彩人生。

如何判断孩子是否有天赋

因为缺乏专业知识，家长很难准确判断孩子在某个领域是否有天赋，这该怎么办呢？

其实，孩子在接触自己真正有天赋的领域时，一定会保持十足的快乐，而不是感到压力。父母是最了解自己孩子的人，只要有心，就一定能够感受到孩子学习某样东西时是否快乐，是否充满热情。

以弹钢琴为例，有些专业老师经常让孩子的手严格保持握鸡蛋的手形来弹琴，孩子的手指关节非常紧张，导致很多孩子手指头弹得生疼，不愿意继续弹了。培训机构可能会告诉家长，孩子不愿意吃苦可不行，殊不知，孩子可能真没有这方面的天赋。

有些孩子兴趣爱好特别多，但总是捡一个丢一个。比如，看到别人弹古筝，觉得弹古筝的姐姐很漂亮，自己也去学，但学几天就不感兴趣了。然后，又看到别人画画画得好，自己也去尝试，结果又丢在一边了。再看到别人学舞蹈，又跑去学，跳了没多久，就感觉累得要死，再也不跳了。孩子这样换来换去，父母可能会觉得很烦，其实这反而是一件好事。因为孩子通过两三个月的尝试和调换，实际上是在告诉家长，自己在哪些方面没有天赋，这样就没必要在这几方面浪费钱和时间了。所以，家长应该鼓励孩子多去尝试，同时细心观察孩子的兴趣和天赋所在，从而更好地引导孩子发展。

天赋的显现时间因人而异，有些可能早些，有些则可能很晚才显现出来。有的人直到成年后，才发现自己在经商或销售等方面有天赋，这都很难一概而论。

有家长告诉我，自家孩子特别喜欢拼乐高和搭积木，他认为这是玩物丧志。其实不然。如果孩子真的很喜欢，也可以看作一种天赋。这种天赋体现在他们对结构、建筑以及创造的浓厚兴趣和敏锐感知上，而结构性思维和创造性思维在很多行业中都是非常重要的，比如建筑行业、设计行业、电子信息行业甚至写作领域，等等。因为搭积木时，并不是搭了一个再想怎么搭第二个，而是需要一开始就在心里策划好，准备搭成一艘船还是一架飞机。此外，喜欢搭积木的孩子还展现出了一种统筹能力和管理能力，他们需要在做出一个整体规划之后，再去一步步实施规划，这种能力在未来的管理行业中也非常重要。

因此，从孩子搭积木这种看似简单的行为中，就可以挖掘出许多天赋点。作为家长，我们应该鼓励孩子多尝试不同的领域，保持开放的心态，不要过早地给孩子设限，让他们有足够的空间去自由发挥和成长。

最好的教育资源在学校里

很多人有个偏见，那就是"我家只是普通家庭，所以我天然地缺乏教育资源，我的孩子就是比不上那些有钱人家的孩子"。父母秉持这种想法，往往会焦虑不安，总觉得自己的孩子输在了起跑线上。

事实上，对于孩子而言，最宝贵的教育资源莫过于他们所在的学校，利用好学校的资源，孩子就能成长得很优秀了。我们不需要和富贵家庭去"卷资源""卷人脉"，我们的目标，就是把孩子培养得有涵养、有学识、有一技之长，而要实现这个目标，并不需要多少金钱作为依托。

你可能觉得，没有太多经济上的支持，就没办法让孩子接触到最好的老师。但我想告诉你，校外顶尖的补习老师，也很难达到学校老师对孩子的了解程度。因为任课老师的核心任务就是解决学生的学业难题，也只有他们才能精准地把脉孩子的症结所在，遗憾的是，许多家长往往忽视了这一点，让孩子错失了最适宜的成长助力。相较之下，校外辅导老师则可能更多聚焦于经济效益，教学策略往往围绕着如何把自己的教学收益最大化。

我有一个很重要的经验要分享给孩子们，那就是要与学校老师建立紧密联系。我在学习中遇到困惑时，绝不会独自苦思冥想，而是积极寻求老师的帮助。我发现，许多学生并没有这种习惯。面对难题，他们往往会花费大量时间在草稿纸上反复琢磨，把时间浪费在无谓的挣扎中，尤其是在初三、高三这样的关键时期，每一天的时间都万分宝贵，为什么不向老师请教呢？

我自己的经历就是如此，在理科班学习期间，我发现了一个普遍现象：那些学习成绩顶尖的学生，基本上都与任课老师建立了深厚的师生情谊。上课时，他们总是积极参与课堂讨论，勇于举手提问；放学后，当数学老师在办公室小憩时，总能看到某位学生静静地站在一旁，扶着桌子，专注地聆听老师的每一句指导。

在这样的环境中，我自己也逐渐开窍。为了拉近与老师的距离，我还会自己做一些小手工，上课时悄悄地放在口袋里，当我带着问题去请教时，便自然地送给老师。我深知自己在理科学习方面的天赋并不是很高，所以更需要老师加以点拨。比如数学的三角函数、圆与方程等，一旦掌握某一板块的核心知识点，便能触类旁通，解决同类问题。我能做的就是在老师的帮助下，掌握有效的学习方法，攻克每一个知识板块，从而实现整体学习能力的提升。

后来，我渐渐发现了师生间的微妙心理，虽然老师有义务为学生答疑解惑，但在课外时间，他们也希望能有片刻的休息，或是早点结束工作。因此，当学生带着问题前来求教时，老师会倾向于以最高效、最易懂的方式讲解解题技巧，这样既节省了自己的时间，也能让学生尽快掌握。这种"双赢"的心态，促使老师在课后教学中，更注重效率与效果，他们希望用最短的时间，帮助学生解决最棘手的问题，同时也为自己争取到更多的个人时间。

当我自己成为一名教师时，才深刻理解到，老师之所以不愿过多地指导某些学生，并不是出于冷漠或忽视，而是因为他们担心自己的付出会被浪费，他们害怕看到学生只是表面上努力，并没有真正投入学习。然而，当学生多次主动求教，并且成绩得到显著提升时，老师的内心会充满自豪与成就感，这份喜悦与满足会激励他们更加努力地帮助学生。

因此，我鼓励所有学生都勇敢地向老师提问，珍惜每一次与老师交流的机会。当然，要想得到老师的认可与帮助，就必须展现出自己的真诚与决心。通过不懈的努力和持续的进步，学生不仅能获得知识的积累，更能感受到老师无私的关怀，师生之间就能建立起更为坚实的情谊。

成长不存在所谓的起跑线

人为预设的优劣势

如果把人生比作一场竞赛，"起跑线"的概念似乎为某些群体预设了优势与劣势，个体潜能与后期努力仿佛不值一提。在我看来，人生从来没有固定不变的起跑线，每个人的成长轨迹，是由无数复杂而微妙的因素交织而成，包括但不限于家庭背景、教育资源、个人努力、机遇把握及社会环境等。

人生的丰富性远不是单一维度所能衡量的。书籍的滋养、实践的磨砺、人际的交往、导师的指引乃至贵人的帮助，都是推动个人成长不可或缺的力量。这些元素在不同阶段以不同方式影响着每个人，这就使得"起跑线"这一概念变得模糊难辨。

如果父母轻信"不能让孩子输在起跑线上"，其实就是忽略了孩子的个性差异。我们应当鼓励孩子都能根据自己的节奏和兴趣，在人生的赛道上持续奔跑，享受过程，勇于挑战，而不是只顾盯着那虚无缥缈的起跑瞬间。毕竟，人生的马拉松，比的是耐力、智慧与坚持，而不是一时的领先。

为什么孩子会后劲不足

作为教育工作者，我见过不少起点很高的孩子，他们是小学里的大队长、初中时的班长，中考时以高分进入重点高中，却在高中时开始成绩下滑，甚至出现厌学的情况，最终高考失利，令人唏嘘不已。这常常引起我的思考：这些孩子明明已经赢在了"起跑线"，是什么导致他们后继乏力呢？

让我们先来回顾一个孩子的成长轨迹：从小学一年级起，他便在父母的殷切期望中踏上了求学之路。"你要努力学习，为爸爸妈妈争光！"孩子不负众望，年年荣获"三好学生"称号，小学、初中都稳居年级前列。

然而，高中的学习强度与难度远超初中，孩子开始感受到前所未有的压力。为此，父母不惜重金为他请了各科一对一的辅导老师，孩子也深知父母的苦心，每天都在紧张的学习中度过。但在这条充满竞争的道路上，孩子也开始思考：我努力的意义究竟是什么？仅仅是为了满足父母的期望与社会的认可吗？他渴望找到属于自己的答案与方向。

处于青春期的孩子，心智日渐成熟，他回望过去，从小学到初中，他的努力似乎总是围绕着外界的期许：小学时，读书是为了得到父母的夸奖；初中时，则是为了那张重点高中的录取通知书。然而，此时此刻，他发现了自己内心深处的空洞——我付出了努力，可为什么没有感受到成就感和快乐？

当孩子的思想开始动摇时，那份对成绩的执着也就消失了。这种情况在高中阶段屡见不鲜，面对焦虑无助的家长们，我总会耐心地提醒他们：你们的孩子已经足够优秀，即便是最坚韧的机器也会有疲惫的时候，更何况是一个成长中的孩子。

人生的起伏波折本就是常态，孩子可能会在某个阶段表现出不那么"上进"，父母也不要用过高的期待束缚住孩子，给他们贴上"没有后劲""不肯努力"的标签。

请家长们学会放手，给予孩子更多的理解与支持，有时候，无为而治反而是最好的支持。

开窍早不如恰逢其时

初入高中时，我完全沉浸在周杰伦的音乐世界中，梦想着自己有朝一日也能大放异彩。于是，我央求妈妈给我买了一架电子琴，每天跟着网络自学弹琴，指尖在琴键上跳跃，仿佛也在编织着我的音乐梦。

我加入了学校的乐队社团，经过两个月的刻苦练习，我与队友们共同演绎的信乐团的经典歌曲《海阔天空》风靡校园，收获了无数小粉丝的青睐与追捧。女孩们纷纷向我索要联系方式，那一刻，我仿佛被光环笼罩，迷失在了自我陶醉之中，学习自然被我抛在脑后，哪怕作业已经堆积如山。

高二下学期，我有一个关系非常要好的女同学。有一次，这位女同学问起我的未来规划，我脑中一片空白，对于当时成绩只徘徊在二三百分的我来说，压根没想过能考上什么大学。

她却非常坚定地说："我的梦想是去四川成都读大学，你如果考不上，我们就分手！"这句话如同当头棒喝，让我意识到，自己醉生梦死的日子结束了，我必须重新找回学习的热情与动力。

紧接着，另一件事的发生让我彻底清醒。当时，妈妈的工厂为了鼓励员工积极献血，制定了一项特殊政策：每献一次血，给予400元奖金。她为了满足我买步步高复读机的要求，在短时间内两次献血400毫升。而我，却以学习英语为名，欺骗了妈妈，实际上，我只是想要用那台价值800多元的复读机播放我心爱的周杰伦的歌曲磁带。那个时候，妈妈的工资一个月只有300多元。

直到外婆炖了排骨来看望妈妈，我还在开玩笑，说妈妈像是在坐月子。外婆听了，用筷子轻轻敲了我一下，严肃地说："别胡说八道，你以后可得好好对待你妈，她为你付出得太多了。"

那一刻，我愣住了，心中充满了疑惑与不解。外婆接着说："你妈为了给你买那台机器，连着献了两次血，现在身体太虚弱了，犯头晕……"这句话如同锋利的刀刃，瞬间刺穿了我的心房。我感到无比愧疚与自责，第一次深切感受到自己是多么不懂事，完全忽略了妈妈的付出与牺牲。

这两件事情交织在一起，冲击着我的心灵。它们让我深刻反思了自己的行为，也让我更加珍惜妈妈对我无私的爱。从那一刻起，我下定决心要努力学习，用自己的行动来回报她的养育之恩。

那天晚上，我没有再去唱歌，而是翻出了从高一起学校发的试卷，一张张在书桌上铺开。我决心用一年的时间，追回被我荒废的课业。

当时已经是高二下学期，我的期末考试成绩惨不忍睹，总分加起来不足 300 分。但就是这个时刻，是我人生轨迹中的重要转折点。人一旦开窍，便拥有了前所未有的自驱力和目标感。在奋斗的过程中，我发现自己其实拥有不容小觑的天赋和潜力，有些十分晦涩难懂的理科知识，我只看一遍就能牢牢记住，再通过大量做题巩固知识，没多久，遇到同类题目时，我就能迅速做出反应，准确解答。

这一切都让我更加坚信，凭借天赋与努力，我一定能实现自己的目标。

我想，我并非个例，一定有很多孩子和当年的我一样，他们有天赋，也有好好学习的意愿，他们只是在等待那个开窍的契机罢了。

平凡的孩子，
就注定一事无成吗

接受孩子的平凡

世界上绝大多数人都是平凡的，这是生活的常态。

不少家长为了向人证明自己孩子的优秀，特长班、补习班、一对一家教轮番轰炸，就为了培养出一个琴棋书画样样精通、语数英成绩名列前茅的"才子""才女"。这种高压策略往往适得其反，导致孩子心力交瘁，甚至选择放弃学习或走向极端。

我在咨询中就见过一对兄弟，他们的案例令我印象非常深刻。哥哥平时学习成绩很不错，弟弟则属于那种贪玩的类型，因此，父母将所有的希望都寄托在哥哥身上。在初中时，哥哥在学习上还能得心应手，到了高中，本来学习就繁重，父母还在不停地唠叨，让他必须考上最好的大学。最后，在高考前夕，他因为承受不住学业压力而情绪崩溃了，甚至想要退学。父母觉得天都塌了，反而继续给他施压，导致这个孩子心理出现了很大的问题，一度休学。

相反，看似不努力的弟弟，反而因为父母的"忽视"，得以有了相对宽松的学习环境，顺利考上了大学。虽然只是一所公办二本，但他也非常满意了，至少他的心理是健康的。

在我看来，一个孩子如果能健康快乐地成长，孝顺父母，拥有温馨的家庭，那便是最大的成功。反观那些看似光鲜，实则家庭环境不佳的孩子，往往会在人生的某个时刻走向迷惘。真正的起跑线，不在于外在的资源堆砌，而在于孩子内心的充实与家庭温暖的支持。

家长应拓宽成功的定义，理解并尊重每个孩子的独特价值。

我们不应忽视"大器晚成"的智慧。人生如马拉松，不在于瞬间的爆发，而在于途中的坚持与积累。有些孩子或许在起跑线上并不出众，但他们保持着积极向上的生活态度，不断吸收知识，磨砺意志，积蓄力量。终有一天，他们会像沉睡的火山般猛然爆发，展现出惊人的才华与成就。因此，我们应尊重每个孩子的成长节奏，给予他们足够的空间与自由，让他们在快乐中学习，在成长中绽放。

因此，我呼吁家长们放下对"起跑线"的执念，转而关注孩子的身心健康与家庭氛围的营造。只有在和睦的家庭环境中，孩子才能像种子一样，在肥沃的土壤里茁壮成长，绽放出属于自己的光彩。

至于对"起跑线"的执念，实则源于家长们对孩子开窍时机的误解。每个孩子都是独一无二的，他们的开窍时间各不相同，这由基因与环境共同决定，强求不得，唯有耐心等待，给予孩子足够的成长空间与支持，静待其花开之时。

其实，哪怕是学霸，也需要父母的理解和温暖。他们也不希望一直生活在持续的高强度压力下，因为他们也是活生生的人。就连大人下班后都要跳跳舞、唱唱歌、喝喝酒来放松自己，更何况是一个孩子呢？

允许树成树、花成花

中考满分 750 分，男孩小 Z 考了 720 分，凭借这个分数，他成功考上了当地重点高中的重点班。令人意想不到的是，小 Z 入学仅一个月，就不愿再去学校，甚至不再与父母交流。

小 Z 的妈妈心急如焚地求助于我，我初步了解了一下情况，她告诉我：丈夫在北京打工，她独自在山东照顾孩子。我又问她对孩子的教育态度如何，她承认平时对孩子管得很严。因为进的是重点高中，学校老师的教学节奏特别快，重点班要求在高二下学期之前，学完高中三年的所有内容，然后就开始总复习。孩子入学时的成绩是全班第 17 名，第一次月考滑到了全班第 30 名。

于是，老师天天给妈妈打电话，说孩子压力不够，建议父母给孩子补课。妈妈听后非常焦急，与孩子大吵了一架。她责备小 Z："妈妈为你付出那么多，现在成绩下降得这么快，你对得起妈妈吗？"孩子听后直接表示："我不去了，我不读了，你们谁让我去，我都不读了！"然后，孩子就整天把自己关在房间里，谁也不理。

我给这位母亲的建议，让她一时难以接受，我对她说，孩子虽然进的是重点高中，但那里未必适合他。以孩子的文化课基础，无论是读高中还是中专，都肯定能上本科，特别是中专升本科，文化课难度不高，孩子初中成绩接近满分，基础极其扎实，去了中专肯定是学霸。我建议她让孩子去中专学个技术，把学籍从高中平移过去。

当时，小Z的妈妈不可置信地对我喊道："你没搞错吧？我孩子可是重点高中重点班的！"我回应道："那又如何呢？孩子现在都不愿意学了，未来可能连高中都毕不了业，更别提读大学了，再多的重点有什么用？"

无可奈何之下，她和孩子商量了一下，小Z竟然非常乐意去中专。原来，他有个初中同学现在就在中专读书，每天在学校学习自己感兴趣的技能，下午5点半之前就能到家，晚上可以自主支配学习和娱乐，小Z非常向往这样的学习状态。最后，小Z去了中专，年年都是全年级第一。

后来，在2023年和2024年，他参加了全省的技能大赛，并拿到了奖项，获得了保送本科的资格。小Z很感谢妈妈支持他转学到中专，现在特别关心妈妈，母子俩关系非常好。他妈妈也终于想通了，听从了我的升学建议，孩子在护理专业的基础上，本科学习整形医美技术，有这样的学科背景，小Z本科毕业后，不愁找不到工作。

很多家长可能不知道，在我的直播间里，一晚上连麦200个人，至少有100个人来咨询如何把孩子从重点高中转到中专或职高去。在如今的形势下，从中专、职高考进本科的学生，未来的就业率远高于从高中考进本科的学生，这也是国家的政策导向，这些孩子未来都将成为国家的中坚力量。

孩子只有到了能真正包容他个性发展，能够与之建立情感的地方，才可能发生本质的变化。就像这个孩子，他从完全厌学，与父母反目成仇，每天锁着门，不让父母管，甚至说"我饿死了，你也别管我"，到现在知道感恩父母、努力学习，积极参与规划未来的人生，与他及时调整学习环境有很大的关系。正所谓一枝独秀不是春，春天之所以万物复苏、百花争艳，是因为它足够博大、足够包容，为人父母者在教育问题上，也要能够让树成树、让花成花，这是成就孩子最好的方式。

孩子"假努力"的解决之道

虽然有的家长通过给孩子补课、严加督促、把电子产品藏起来等手段，让他们的成绩有所提升，但这很可能只是暂时性的假象。很多家长总觉得自己有本事改变孩子爱玩的天性，可实际上，父母越是压制得厉害，孩子的反弹就会越猛烈。

孩子升入高中后，心智逐渐成熟，独立思考能力越来越强，他们开始追寻自我表达，会产生抵抗情绪，试图打破那些限制他们的东西，很多孩子觉得自己就是这个世界的主角。

如果父母在这个时候还不尊重孩子的想法，没有缓解紧张关系的意识，那么高中三年很可能会爆发积蓄已久的家庭矛盾。我们需要理解，每个孩子都有自己的兴趣和追求，家长可以给予他们适当的支持和引导，而不是一味地强迫他们按照自己的意愿行事。

很多家长对我说，孩子已经很努力了，可成绩怎么就提不上去呢？

这里有两种可能：一是孩子确实付出了努力，但所学的内容不在他的天赋点上，对于这样的孩子，父母就不要再施加压力，就让他们按照自己的节奏去学；二是孩子本身对读书兴趣缺缺，但碍于父母的要求，不得不装出努力的样子。

其实，无论是哪一种情况，我都建议让孩子去公办中专或职高读书，父母可以去当地的学校，找招生处的老师说明孩子的情况，并咨询如何把孩子的学籍从高中平移到中专。由于各地的政策和评估方式不同，具体操作可能会有所差异。

我知道很多家长对于孩子不读高中有所顾虑，其实大可不必。2024 年中考，江苏、广东等不少省份的中专职高分数线已经超过了普高，无锡中考的模拟分数线显示，600 分能读公办高中，而想学中专护理专业，分数则要达到 640 分。

为什么卫校、中专和职高的分数线会高于普高？因为除了获得文凭外，孩子还能掌握一门技术。他们从 15 岁开始学习，基本功扎实，相比那些半路出家的成年人，他们更有竞争力、更容易实现优先就业。

不过，需要特别注意的是，初中的孩子要遵守校纪校规，不能被开除，也不要轻易放弃学业。如果读高中的孩子实在学不好文化课，可以考虑转到中专或职高。

普通家庭别着急让孩子"走特长"，越走越难走

孩子能不能学特长

首先，孩子学习特长无疑是值得鼓励的。丰富多彩的人生需要不断尝试和探索，特长教育为孩子提供了这样一个平台。当他们徜徉在不同领域中，才会逐渐发现自己的兴趣和天赋所在。

不过，家长在对待特长教育时，要避免功利性的思维误区。如果让孩子学习特长的目的，是为了能够直接转化为未来的工作机会，把特长看作升学和高收入的敲门砖，那就要请各位家长三思而后行。

特长教育的初衷应该是培养孩子的兴趣，提升他们的综合素质和气质。比如学习钢琴，可以让孩子在音乐的世界中陶冶情操、感受艺术的魅力；学习足球，可以锻炼孩子的身体，培养他们的团队精神和

竞争意识。

与学业挂钩的特长教育，更需要理性与长远的规划。如果孩子热爱舞蹈，但文化课成绩不够好，我们应该引导孩子正视自己的现状，告诉他：舞蹈不是不能学，但你的目标不是成为专业舞者，当下还是要把精力放在文化课上。无论考上大专还是本科，舞蹈都可以成为加分项，甚至是未来职业生涯中的一抹亮色。比如，在企业的工会活动中，舞蹈特长往往能大放异彩。孩子如果能在这些场合中代表部门获得荣誉，无疑会得到领导的认可，甚至可能因此调岗至工会或后勤部门，开启职业生涯的新篇章。我们要让孩子明白，兴趣的展现和他人的认可不能急于一时，一个人要学会把握好当下最重要的事情。

当然，我们也要警惕孩子把特长教育作为逃避学习的借口，如果孩子因为文化课成绩不好而转向特长学习，这种选择很可能是为了逃避，而不是出于真正的热爱。遇到这种情况，家长要及时与老师沟通，尽快调整孩子的状态，以免出现学业和特长学习两头落空的局面。

正确理解特长教育

2021 年，教育部启动了艺术类专业考试招生改革，出台了明确的政策导向。2024 年是新一轮艺考改革落地实施的第一年，自此，艺术、体育特长生的高考文化课分数将逐年提升。无论是通过省级统考还是校考进行招生的院校，都显著地提高了高考文化成绩的门槛。

过去，播音、表演、编导等艺术类考生，文化课分数线基本在 300 多分，如今许多地区已经提高到了 400 分以上。有些学生从高一起就偏向艺术或体育训练，文化课学习时间不足，现在想要跨过 400 分以上的文化课大门，就显得尤为艰难。

如果家长想让孩子通过体育特长生步入职业体育的道路，事实上也并不容易。现实中，很少有体育冠军是以高中特长生身份进入大学，再转型为职业选手的。还有家长来咨询，问孩子是否有机会成为一名有编制的体育老师。我想说的是，高校教师的门槛极高，一般只招有留学经历的博士生。至于中小学的体育教师岗位，竞争更加激烈。教师编制有限，新老更替也很缓慢，尤其当下人口出生率下滑，未来中小学规模缩减已经不可避免，体育教师岗位在学校里通常只有一到两个。因此，许多体育特长生会转向校外培训机构，成为兴趣班教练，但这又要求他们具备特定教育背景与技能，这就导致了就业与求学之间的矛盾。

不要轻易转特长生

有些孩子在小学六年级至初中三年级期间，会遇到"慧眼识人"的体育老师对他说："你很有体育天赋，可以通过体育特长考上高中，我来带你。"如果孩子本就学习动力不足，成绩处于班级中下游，听了这样的话，很难不浮想联翩。

回家后，孩子满怀希望地向父母转述体育老师的评价，他相信自己真的能通过体育特长进入高中。父母听后，往往会与老师进一步沟通，老师也会顺着孩子的话，向父母强调孩子的体育天赋，并承诺能帮助孩子进入当地公办高中。

得到了老师的肯定后，父母通常会欣然同意这样的安排。当孩子开始专注于体育训练，投入在文化课上的精力就会越来越少，导致文化课成绩持续下滑。到了初三，当文化课成绩只剩下二三百分时，孩子便失去了通过正常途径进入高中的机会。

此时，老师又会提出新的建议："我帮你们想办法进体校吧，以后照样可以读一本、重点大学。"老师没有告诉父母的是，走体校这条路读本科的前提，是孩子在全国性运动会上获奖。体育类项目获奖难度极大，甚至连获得参赛资格都需要花费几十万元，像足球、篮球等热门项目，竞争尤为激烈。选拔过程并不完全考查技术，艺术领域也是如此。

因此，家长们在孩子小学阶段，可以让他们接触艺术和体育，这对陶冶情操、提升综合素质很有帮助。但到了初中阶段，如果孩子没有特别突出的天赋和兴趣，走艺术和体育特长生的道路就没有太大意义。

利益驱动下变质的特长学习

不少家长对于孩子的特长培养都抱着功利心态，当"必须"与"要求"取代了"喜欢"与"享受"，就很容易消磨掉孩子对特长的热爱，也偏离了学习的初衷。快乐、自由与个性化发展，才是兴趣的本质，可分数与奖牌已经让其变了味儿。当孩子高中成绩不好，家长就把特长生视为考取大学的捷径，殊不知，这样的决定有着不小的风险，最后可能既耽误了文化课的学习，孩子的特长表现也不出色，综合成绩只勉强达到大专线。

家长们还需要警惕部分老师与机构，他们抓住了父母对孩子未来的焦虑，怂恿孩子在高一就转为特长生。这种做法看似给孩子提供了新的出路，其实背后都是利益的考量。高一本该是打基础的关键时期，但特长班学习氛围松散，费用高昂的特长培训又挤占了文化课时间，孩子即便勉强完成高中学业，也会因为缺乏扎实的文化功底，依然难以迈入本科的门槛。

盘活一个孩子，从不设限做起

在前文中，我之所以建议家长不要限制孩子接触电子产品，还有一个很重要的原因就在于：谁也说不准孩子是否会在电子、计算机或移动通信等领域展现出天赋。只有多尝试，才能让孩子保持对生活和世界的热情，这对他们未来的人生发展一定是有益的。

然而，现在很多父母却给孩子设限。比如，虽然孩子在电子产品或创造方面表现出天赋，父母却受到身边朋友的影响，盲目地给孩子报钢琴班。其实，对于孩子来说，他们并不清楚自己的天赋所在，报了钢琴班，他们就去学。真正在钢琴方面有天赋的孩子，基本上学两三个月就能看出来，而绝大多数孩子都是平庸的。中国学钢琴的孩子人数是全世界最多的，但培养出来的钢琴家却并不多。

因此，家长在给孩子报兴趣班时，可以先学3个月钢琴，再尝试3个月舞蹈，接着再试试架子鼓和轮滑等。通过这样的尝试，说不定就能发现孩子在某个领域特别有天赋，从而让孩子找到真正适合自己的发展方向。

现在的教培机构为了留住孩子，会采用各种营销手段来误导家长，让他们产生错觉，比如觉得孩子需要更多的时间才能入门。他们会劝诱家长购买大课包，并承诺赠送各种优惠。很多父母禁不住这些优惠的诱惑，往往忽略了自己的初衷。还有一些教绘画的机构，甚至会让孩子在老师画好的作品上签名，以此让家长误以为那是孩子自己的作品。

此外，即使孩子在某些方面没有天赋，比如钢琴弹得并不好，一些教培机构也会用各种方式来哄骗家长。他们会告诉家长，孩子弹得不好只是暂时的，这是一种二度创作，孩子其实是有天赋的。家长往往缺乏专业知识，听到这样的话就会信以为真，继续让孩子学下去。

总之，特长培养本身并没有问题，只是很多家长太盲目，也容易轻信一些机构的宣传话术。如果您希望培养孩子的特长，一定要自己学会分辨，清醒地做决策，而不能被一些培训机构和所谓的"学特长就能抄捷径"的说法牵着鼻子走。

特长培养，应该作为策略性规划，
而不是救命稻草

一定要走特长生道路，应该怎么走

虽然我在前文反对盲目走特长生道路，但并不意味着孩子不能学习特长，也不意味着这条路一定行不通。

想走特长生道路，是需要策略的。

特长与爱好的培养无疑是有益的，它可以帮助孩子拓宽视野，加深他们在特长领域的学习深度，但我们要避免把特长培养简单化为应试的救命稻草。

我的建议是，如果确实想让孩子走特长生道路，那就要有策略性规划，让特长为孩子提供新的成长路径，使其成为孩子日后脱颖而出的独特优势。尤其需要注意的是，家长应该根据孩子的兴趣与天赋，选择适合的领域让孩子深入学习，这样才能让特长成为他们全面发展的助力，而不是负担。

在特长培养规划中，首先要提及的一个误区，就是在高中初入学时，就急着让孩子转特长生。孩子一旦投入大量精力去学习艺术或体育，就势必会占用他们学习文化课的时间。我的建议是，在高一整年和高二上学期的三个学期里，专心夯实文化课基础，确保孩子至少能达到450分的水平，然后再考虑接触艺术或体育的学习。在我看来，文化课成绩在480 ~ 510分的学生，比较适合通过转特长生来冲击名牌大学。

其次，家长应深入了解目标高校当年的特长生招生政策，结合孩子的个人条件与兴趣加以选择。比如，孩子乐感好、节奏感强，也喜欢古典音乐，那就可以选择音乐相关特长。体育特长则比较看重身高优势，如果孩子身高达到192厘米以上，平时经常打篮球，即使专业性不足，也可以通过专业训练提高水平。

孩子在高三上学期完成艺术或体育特长考试后，将有3个月时间全力准备文化课考试，这样的安排可以兼顾特长培训和文化课复习。

值得注意的是，特长生的选拔更侧重于天赋的挖掘，因此，家长不必过于纠结孩子过往的训练经历，而要尽早观察孩子是否具备在该领域脱颖而出的潜质。正如拥有绝对音准的孩子，自然应该被引导到最适合其发展的道路上。

最后，家长还需要提前准备艺术生或体育生培养的费用，一般来说，至少要有15万元的预算，这是全国平均水平，而在北京、上海等大城市，费用会更高。前几年，我家有个亲戚的孩子，参加了一次上海举办的暑期艺术培训，花费了5万元，考试前的最后冲刺集训，费用更是高达15万元。除此之外，还有各种服装费、小课费等额外开支。因此，家长在选择让孩子走艺术、体育道路时，一定要充分考虑经济因素。

如何选择特长专业

在体育运动方面，我倾向于选择羽毛球，而不是篮球或足球，后两种项目训练中的高强度对抗性，隐藏着一定的风险。一旦孩子在激烈的碰撞中受伤，导致骨折、跟腱断裂等伤害，很有可能会影响他的一生。此外，肢体碰撞如果再叠加恶意犯规等行为，更可能给孩子带来难以预料的身心伤害。

相比之下，羽毛球运动则有着独特优势，跳跃与舒展动作有利于孩子身体的纵向发展；竞赛双方各自站在场地一侧，没有身体的直接接触，这种非直接对抗大大降低了受伤风险。羽毛球运动同样能培养孩子的竞争意识与意志力，让孩子在享受运动乐趣的同时，感受到挑战自我、超越极限的成就感。

在选择特长时，我们不妨跳出常规思维，勇于尝试那些冷门的项目。比如在艺术特长领域，与钢琴、古筝等热门乐器相比，低音提琴小众得多，但是在乐团中，低音提琴作为和声的基础，有着不可或缺的重要作用。由于学习者比较少，形成了供需不平衡的局面，这种稀缺性为拥有该特长的学生打开了通往优质教育资源的大门。皮划艇、柔道、气步枪射击等冷门体育项目，同样意味着更低的入学门槛和更高的录取概率。

很多家长热衷于让孩子学习绘画，因为这个特长易于上手，学习门槛低。但也正因为这样，导致当下绘画领域的竞争过于激烈，孩子未来的就业前景也很有限。许多学画画的人最终都转行做了设计，而设计专业在中专、职高都有开设，没有必要花费大量的时间和金钱去让孩子学个特长，毕业后再去从事设计行业。

在这里，我想提醒各位家长，艺术特长不应成为孩子升学的唯一路径，艺术，作为一种感觉的表达，艺术评价存在极大的主观性，缺乏统一且明确的评分标准，难以量化。正如对凡·高与徐悲鸿画作的不同偏好，市场价值与个人审美往往存在分歧，这种分歧在升学考试中，就可能转化为不公平的评判，增加评分过程中的不确定性和潜在的偏见。因此，在规划孩子升学道路时，需要综合考虑多种因素，避免过度依赖艺术特长这一充满变数的途径。

不容忽视的文化素养

2024 年出台的新政策，对于那些就读于重点高中的特长生来说，无疑是一个利好消息，是难得的机会。这意味着，文化课成绩将成为特长生升学的决定性因素，这恰恰是文化基础扎实考生的优势所在。

在艺术、体育特长的考试中，原本包含多种项目，如表演、播音考试中的自我介绍、话题评述以及形体展示等。这些考试项目旨在考查孩子的临场反应、艺术素养以及身体协调性。随着政策的变化，特长考查会逐渐淡化，开始倾向于关注孩子的文化课成绩和潜力。

其实，顶尖高校在招生时，看重的是孩子的潜力，而不是考试时展现出的专业水平。因为那些在高中阶段就已经展现出高水平艺术功底的孩子，往往已经有了自己的风格，一旦定型就很难改变。因此，大学老师更希望招到一张白纸的孩子，这样他们可以根据自己的教学理念和方法来塑造孩子的艺术风格。

此外，对于乐器等需要童子功的特长，如果孩子从小没有学过，未来再学可能会比较困难。因此，对于这些特长，家长需要尽早规划。

还有一些孩子，原本文化课成绩很好，后来出于种种原因，比如谈恋爱、玩游戏、看小说等，导致成绩下滑。这些孩子在中考时能够考上当地的重点高中，说明他们具备扎实的文化基础。即使高一成绩有所下滑，只要他们高二时，能够保持文化课分数在450分以上，那么通过艺术、体育特长生的途径，他们仍有机会进入公办的一本大学，甚至"985""211"院校。

高收入家庭孩子如何走特长生道路

本篇在论述时主要基于的是普通家庭的情况。对于普通家庭来说，没有太多的资金来支撑孩子的特长培养之路，所以在规划时必须慎之又慎，不能盲目跟风。但对于高收入家庭来说，所要注意的关键点就不一样了。

高收入家庭在培养孩子的艺术与体育特长时，可侧重于艺术领域的深耕，同时辅以英语强化，为孩子的未来铺设多元路径。艺术方面，鼓励孩子从小探索乐器、舞蹈、声乐及美术等多元领域，激发创造力与表现力，这不仅能陶冶情操，还可能成为其未来职业发展的坚固基石。

　　英语学习至关重要，全球化背景下，流利的英语是孩子开拓国际视野与提高竞争力的关键。在此过程中，可适当调整对数学、语文等传统科目的重视程度，确保英语能力得到显著提升。

　　如果孩子未来学业成绩足以支撑高中学习，则可继续深造并准备艺术或体育高考，拓宽升学渠道。如果中考结果未达预期，留学亦是不错的选择，尽管经济投入较大，但能为孩子提供更广阔的成长空间和更多的机遇。

　　另外，提及体育，虽需考量身体负荷与风险，但特定项目如皮划艇等，因其小众特性，如果能取得优异成绩，同样能通往优质高等教育资源，如北京体育大学或清华大学等顶尖学府。这不仅是学历的提升，更是对孩子意志与专业技能的肯定，未来在体育行业成为顶尖专家、教练或裁判的可能性亦大幅增加。因此，结合家庭实际与孩子兴趣，合理规划，即使走体育之路亦能铺就璀璨未来。

成绩不好，
如何给孩子谋一条新的出路

成绩再差，
也不要放弃学业

无论成绩如何，必须参加中考

中考是孩子学业生涯中的一个重要节点，它不仅决定了孩子是否能进入高中学习，还关系到孩子的学籍和档案问题。如果孩子不参加中考，那么他在中考结束后，无论在哪个学校读书，都将没有学籍和档案。这意味着他未来大学毕业时，就只能拿到成人大学文凭，这种文凭在社会上的认可度并不高，含金量与正规大学学历相比存在很大差距。

为了提升学校的升学率，一些学校可能会采取一些不当手段，如把全班分数排名倒数的孩子排除在中考之外。个别老师可能会以各种方式劝退或逼退学习不好的学生，导致他们无法参加中考，如威逼利诱、找孩子谈话、制造恐慌等。

虽然大部分老师还是尽职尽责的，但我们也要防止可能有老师会告诉孩子：如果中考考不上高中，就没有初中毕业证了。这种说法会让孩子和家长感到非常害怕，被迫签下放弃中考的合同。

总之，无论孩子在初中遇到了什么，哪怕是因为成绩不好被孤立了，也一定不要放弃中考。

高中辍学和转学风险大

如果孩子在高中阶段选择辍学，那么他的学历之路就只能遗憾地终止于初中。辍学后，正规的中职院校通常不会向他敞开大门，于是，只能花钱进入以技术培训为诱饵的学校。但孩子学习一年后，便会被送往工厂，为学校创造经济收益，这类学校的本质其实是人力资源中介机构。

转学同样需要谨慎，许多家长对转学的后果并不十分了解，高中转学很可能会导致孩子丢失学籍。如果想从私立高中转到公立高中，就需要支付两笔学费：一笔是公立高中的借读费，每年可能高达五六万元；另一笔是私立高中的学费，因为不继续缴纳就意味着孩子将失去学籍，高考时等同于社会考生。

此外，转学还会对孩子的学习成绩产生负面影响。进入新环境后，孩子需要一段时间来适应，在这个过程中，他们的学习成绩会出现波动。高中三年是一个紧张而连续的学习阶段，任何中断都会使孩子的学习动力受挫。家长常常以为更换环境就能提升孩子的成绩，这是一个普遍的误解。

既然转学后遗症那么多，有没有更好的解决方法呢？我的建议是平移学籍，把学籍转到当地的公办中职院校。这样一来，孩子就能以中职生的身份选择"3+2"或"3+3"模式，完成中职阶段的学习后进入公办大专继续深造。

平移与转学的区别在于对学籍的处理方式。转学通常不涉及学籍的转移，只是让孩子在新学校接受教育；平移则是把学籍完全转移到新学校。与初中阶段相比，高中阶段转学对孩子的影响更大，因为初中阶段转学不会影响孩子参加中考。

孩子成绩太差，
那就去学一门语言

语言学习的战略背景

对绝大多数地区的考生而言，如果中考分数在 500 分以下，高考分数在 300 分左右，我建议考生们选择一门语言作为学习方向。

这个建议是基于国家发展战略大背景的，"一带一路"倡议不仅是经济合作的桥梁，更是文化交流的纽带，也为青年人提供了广阔的就业空间。这种国际合作不是简单地把国内成功模式复制到国外，而是通过扩大生产、基础设施建设、文化旅游交流等多维度合作，促进参与国家的共同繁荣。在这一宏大战略背景下，语言人才成了连接不同文化、推动经贸往来的重要一环。目前，阿拉伯语、俄语、土耳其语等共建"一带一路"国家语言人才还有较大缺口，如果能成为精通这些语言的人才，孩子在就业市场中，将具有不可估量的价值和竞争力。

人工翻译不可替代

科技飞速发展让翻译软件日益智能化，人工翻译是不是无用武之地了呢？答案是否定的，软件确实能精准转换文字，但无法完全替代人类，只有人才能理解字里行间蕴含的情感色彩和微妙差异。一个优秀的翻译者做的不仅是语言转换，同时还是文化传播者和情感共鸣者。

因此，掌握一门或多门小语种的孩子，可以在文化交流、国际贸易、旅游服务等领域，拥有广阔的发展空间和可观的薪酬回报。他们将以语言为翼，翱翔于世界的每一个角落，成为连接不同文明的使者。

语言改变命运

我有一个做家庭教育培训的朋友，他的故事生动地诠释了什么是语言的力量。2020 年，世界似乎按下了暂停键，他做出了一个令人费解的决定——学习韩语。

两年后，当大多数人还在适应疫情带来的变化时，他已经凭借流利的韩语，以及对韩国文化的深刻理解，把国内积累的家庭教育经验引入韩国。原来，他早已发现韩国的家庭教育市场还是一片蓝海，一旦突破语言障碍，他就可以用国内的教育经验和先进理念，在韩国实现"降维打击"。果然，他迅速成为小有名气的教育专家，享受着比国内更为丰厚的经济回报，实现了个人价值的飞跃。

掌握一门外语，就等于打开了一扇通往新世界的大门。对于那些性格外向、富有创造力的年轻人而言，语言不仅是交流的工具，更是拓宽人生道路的强大助力。对于正在成长的孩子们来说，学好一门语言，可以帮助自己成为既具备专业技能，又精通外语的复合型人才。

在当下这个数字时代，短视频成为文化交流的新窗口。我们常能见到金发碧眼的外国友人，以流利的中文赞美中国，这类视频总能收获海量点赞。试想一下，当中国人以纯正的阿拉伯语讲述对异国文化的热爱与尊重时，也必定能够在当地赢得热烈反响。人性是共通的，每个文化群体都渴望得到外界的认可。

加强口语学习

语言学习相较于其他专业领域，门槛并不高，更多依赖积累与实践，尤其是口语的训练。

无论选择哪种语言，都要把口语能力放在首位。在中国，尽管英语教育十分普及，但更偏重语法和应试技巧，忽视了口语实践。因此，建议家长督促孩子加强口语训练，通过英文歌曲、电影、电视剧等多媒体资源，营造沉浸式的学习环境。在观看全英文影视作品时，鼓励孩子模仿角色发音、语调，甚至进行角色扮演，让语言学习成为一个充满乐趣和成就感的过程。

语言的本质是交流工具，语法虽然重要，但在实际运用中，流利自然的口语表达才是关键。通过这样的学习方式，孩子不仅能在语言学习上取得进步，还能在潜移默化中，培养跨文化交流的能力。

除了英语，小语种的学习同样值得考虑，比如西班牙语，它已经成为仅次于英语的热门语种。阿拉伯语虽然常被贴上"难学"的标签，但语言学习注重积累与环境的熏陶，只要投入足够的时间反复练习，熟悉语言背后的文化内涵，孩子就能掌握看似晦涩难懂的语种。此外，像韩语这种与我们文化相近国家的语言也是一个不错的选择，看韩剧、去韩国旅游等经历，就是体验韩国文化的过程。当孩子对某个国家的文化、历史产生兴趣时，随之而来的就是学习这门语言的内驱力。

外语可以作为第二专业

如果孩子的分数没有达到本科线，我建议选择一个国外紧缺的专业方向，比如护理专业，同时辅修英语，毕业后可以前往新加坡、新西兰等地从事护理工作，因为许多发达国家出于人口老龄化，以及完善的社会福利制度，护理人才紧缺。

为了增加孩子在未来就业市场上的竞争力，孩子还可以辅修小语种，特别是法语或西班牙语，这将使他们在申请国外工作签证时更具优势。孩子掌握了护理专业知识和技能后，就可以考虑通过中介机构或自行申请，前往发达国家从事护理工作。事实上，现在已经有很多中国人在美国的社区医院和州立医院中，担任药剂师和护士的职位，许多原本在国内从事家政等行业的人，通过学习护理和外语，成功转型为护理人才。

孩子如果能在国外工作 5～10 年，不仅能积累宝贵的财富与经验，而且回国后，这段海外工作的经历，无疑还会让孩子在就业市场上更有竞争力。

外语学不进去，
有什么好方法

　　学习是一个多元化的过程，如果没有合适且有效的学习方法，把提高成绩的所有希望都寄托在学校的课堂上，可能会事倍功半。孩子在文化课上的表现，并不能完全反映他全部的学习能力和天赋。据我多年教师生涯的观察，文化课成绩暂时落后的孩子，往往拥有更加丰富的想象力和创造力。这样的特质会让他们在课堂上显得不那么合群，甚至被批评上课不专心，读不进去书。其实，只要给予适当的引导，就能激发他们真正的潜力。

训练语言肌肉记忆

　　在中国传统的英语教学中，我们往往注重词汇与语法的讲解，如

"open the door" 意思是 "开门" 这样逐词翻译的方式。真正的口语训练倡导体验式学习，强调直接关联动作与表达，让语言成为行为的自然反映。"open the door" 不应只是词汇的堆砌，而是直接表述了 "开门" 这一行为，学习者无须深究每个单词的含义，只要记住动作对应的语言表达就行。

这种训练方法是把语言学习转化为一种本能反应，类似于武术中的套路练习。通过反复模拟实际场景中的对话与行为，学习者能够把语言运用内化为下意识的动作，做到不假思索即可脱口而出。这种 "语言肌肉记忆" 的形成，让语言学习不再局限于书本知识，而是真正融入日常生活中。

外语电影之旅

当孩子对俄语感兴趣时，家长就可以趁热打铁，精选 30 部原版电影，和孩子共度一个月的 "俄罗斯电影之旅"。在享受视觉盛宴的同时，引导孩子融入俄语环境。

看电影之前先设定小目标，鼓励孩子在观影过程中，尝试模仿电影中的台词，记录下自己学会的每一句俄语，这能提升孩子的学习动力和参与度。一个月后，进行一次简单的测试，看看孩子究竟掌握了多少俄语表达。哪怕结果不尽如人意，也不必气馁，毕竟这只是一次尝试，重要的是孩子在这个毫无心理负担的过程中，大脑对于俄语学习的细胞已被激活。

类似地，对于那些对日语充满热情的孩子，我们可以从日本动漫入手，利用中日文化的深厚渊源，尤其是日语中有近半数的汉字与中文相通这一优势，不断激发他们的学习热情。

为什么不要去封闭管理的学校

请撕去孩子"叛逆"的标签

有一些家长因为孩子成绩不好，在初中、高中时，选择把孩子送到军事化管理的学校。

我本人非常反对这种做法。

孩子又不是触犯了天条或刑法，为什么要把他们送到这样一个封闭环境中？青少年管理学校通过斥责、恐吓和打压的方式，让孩子变得听话，这对他们的成长来说，无疑是一种内心的摧残。我坚决反对父母做出这样的选择，而家长这样做的核心原因还是过于看重孩子的文化课分数。

我们要明确一个前提：孩子如同娇嫩的花朵，理应受到明媚阳光的滋养，而不是任由其在阴霾中挣扎。尤其是对于在学习上暂时落后的孩子，父母想给予他们成长的力量，最简单也最有效的方法，就是给他们无尽的爱与鼓励。遗憾的是，很多望子成龙、望女成凤的家长，不知道该如何正确表达与传递这份爱。

不少孩子被父母贴上了"叛逆"的标签，两代人因思想观念的不同，亲子关系充满了火药味。然而，家长的观点未必都对，孩子的思考也有其独特的价值。我曾经收到过一个女孩的求助，她在学校遭到同学欺负，谁知，自己的正当防卫却换来母亲不分青红皂白的责备，甚至质问对方为什么"偏偏揍你"，要求她自我反省。这样的回应，无疑在孩子心中投下了冰冷的阴影，让她感到深深的无助和痛苦。

当下家庭教育中存在着一个普遍的误区：过分以文化成绩作为衡量孩子价值的标尺，忽视了情感支持与理解的重要性。在这样的环境中，孩子自然难以认同父母的价值观，双方的隔阂日益加深，最终演变为"叛逆"的对立。父母如果总是以"为你好"自居，轻易将孩子的合理诉求贴上"叛逆"的标签，就会进一步加剧这一恶性循环，让孩子在成长的道路上倍感孤独与迷茫。

压制天性的过度管束

那些标榜军事化管理的民办初中，师资力量普遍令人担忧，把孩子送进这样的环境，无异于将他们置于一种近乎"劳改"的氛围中。孩子并没有触犯法律，这种过度管束已经违背了教育的初衷。孩子的天性本来就是热爱探索与游戏的，这是他们成长中不可或缺的一部分，如果被无情压制，不仅会让他们体会不到爱与幸福感，未来，他们也很难适应复杂多变的社会。

把孩子送入军事化管理的学校，或许能暂时减轻家长的日常负担，但从长远来看，孩子的个性会被扼杀，潜能也很难被开发出来。在那里，老师的管理方式往往侧重于消除个性、抑制思考，通过严苛的惩罚机制让孩子变得唯命是从，他们就此失去了自我表达与探索的勇气。长此以往，一个原本活泼开朗、充满好奇心的孩子，可能会变得畏首畏尾，不敢独立思考和行动。即便分数有所提升，这份代价也是沉重的——孩子失去了对生活的热爱与探索的激情，未来的道路会因此变得狭窄而黯淡。

处于军事化管理下的孩子，如同被精心修剪却失去生机的盆景，他们的行为被严格规范，个性被逐渐消磨。更严重的是，这种环境可能让孩子误解父母的意图，认为自己是被抛弃的对象。孩子在缺乏快乐与自由的环境中挣扎，未来对父母的情感也可能因此变得淡漠甚至疏离。

家长们满心以为是在为孩子铺设一条光明的道路，却未曾料到，这是以牺牲孩子的个性与幸福为代价，去换取短暂的安宁与成绩的提升。

武校不是孩子该去的地方

河南、山东、河北等地自古有尚武之风，许多家长因为在外务工，无法亲自管教孩子，把孩子托付给爷爷奶奶照顾，又怕孩子会变得顽皮不听话。于是，家长就把孩子送入当地的武校，因为武校实行封闭式的管理，还承诺可以通过练武来磨炼、提升孩子的意志力，孩子未来能轻松考上高中和重点大学。

实际上，一些武校并非正规的学校，而是小型民营企业，开办成本较低，只需有一个教学场地，请几名老师就可以了。

孩子一旦进入武校，很可能从小学到高中都无法脱身，更谈不上获得大学文凭。从某种意义上说，这些武校更像培训机构或培训班，只要孩子跟着练就行。虽然也教授文化课，但老师往往没有教师资格证，教学质量堪忧。孩子在课堂上只是照着书本念，有时就算在课堂上睡觉，老师也不会管。

因此，家长在送孩子进武校前，一定要三思。武校一般不是孩子理想的求学之所，可能无法为孩子提供真正受教育和成长的机会。

考不上高中，如何选择中专、职高与技校

中专、职高和技校的区别

中专、职高与高中学历都属于中等教育体系，具备同等的法律效力。这两类学校由教育部门直接管理，是官方认可的教育机构，能确保学生获得正规学历。

技校则是由人社局主导设立的，更侧重于职业技能的培训，而不是学历教育。技校更像是民间的技能提升中心，学生毕业后获得的不是学历文凭，而是技工证书。

基于数学、英语成绩的选择

我们首先要调整一个传统观念，那就是只有考不上高中的学生才会去读中专或职高。随着国家对职业技能教育的日益重视，自2022年起，一个显著趋势是，越来越多的高中学生主动选择了职业教育作为他们的发展路径。

在这个大背景下，家长和学生应该如何权衡利弊，做出最适合自己的决定呢？

我的建议是，对于已经考入高中的学生来说，数学和英语成绩是关键。如果中考时，这两门科目的成绩都低于90分（满分150分），那么从高中转向职高，特别是拥有优质专业的职高，或许是一个更为明智的选择。因为职高教育更专注于职业技能的培养，能减轻学生在薄弱学科上的压力。

反之，如果学生的数学与英语成绩稳定在100分以上，甚至能达到110分，就应该继续留在高中学习。这是因为在高中阶段，无论选择文科还是理科，英语和数学都是不可或缺的基石。如果在这两门关键科目上的表现不尽如人意，最终也只能获得大专学历。与其如此，不如提前选择中专或职高，在保障同样教育层次的同时，学生还能获得更多的实践机会。在相对宽松的环境中学习，也有助于学生的身心健康和全面发展。毕竟，教育的目的不仅在于获得学历，更在于个人潜能的挖掘与综合素质的提升。

中专、职高里，哪些专业是"学而有用"

读中专、职高或技校的学生，多数在文化课上不占优势，在选择专业时，更要秉持务实、接地气的原则，紧跟时代脉搏，关注国家发展动向。当前，国家之所以对职业技能教育尤为重视，背后有着深刻的原因——人口老龄化加剧，每年数百万岗位因退休而空缺。老一辈奋斗者以工农兵职业为主，他们退休后，制造业面临人才断层的挑战。因此，培养高素质的年轻蓝领成为当务之急，未来这一领域将涌现诸多高薪岗位。

所以，大家在选择专业时，尤其要审慎考量就业前景与实用性，避免"学而无用"。比如，服装设计、动漫设计、游戏设计等专业虽然听上去很有档次，但竞争激烈，对学历及专业技能要求极高，中专、职高毕业生可能很难在短期内具备就业优势。工商管理、保险服务、市场营销、国际金融与贸易、会计等专业，在各大高校广泛开设，中专、职高生很难竞争过名校生。

那么，哪些专业是"学而有用"的呢？对于男生而言，机电一体化技术、电梯工程技术、轮机工程技术、飞机机电设备维修等专业，紧贴工业现代化需求，技能性强，就业前景广阔。新能源汽车检测与维修技术、汽车运用与维修等专业，则顺应了绿色能源与交通行业的发展趋势，同样值得考虑。此外，电气工程及其自动化、工业机器人技术、智能制造装备技术等专业，作为智能制造的核心领域，未来发展空间巨大。

女生建议优先选择护理、康复、中医针灸等专业，它们都有贴近民生、需求稳定的特性。特别是随着人口老龄化的加剧，社区康复、家庭护理等服务需求激增，为这些专业的学生提供了大量的就业机会。同时，园林园艺、数字媒体技术、室内装饰设计等专业，也符合现代人对生活品质的追求，市场需求旺盛。旅游产业作为国家重点发展的产业之一，其广阔的就业前景同样不容忽视，学生可以选择旅游服务与管理专业，成为未来的旅游行业储备人才。

高职单招与技能高考

在中专、职高学生的升学路径中，有两个机会需要特别关注：高职单招与技能高考。前者适合对自己成绩持保守态度的学生，它可以提供一条直通高职的通道。而技能高考并不是简单复制普通高考模式，二者的考试内容与性质有着较大差异。

顾名思义，技能高考的核心在于"技能"，考试分为两大块：技能实操与文化课考核。实操部分占比高达七成以上，聚焦于学生的专业实践能力，鼓励学生在日常学习中勤于动手、掌握专业技能。至于文化课，只涉及语文、数学、英语，且难度较低，相当于小学六年级至初中二年级的水平，主要检验学生的基础文化素养。

因此，家长们应鼓励孩子充分利用中专、职高的三年时光，扩大英语词汇量，巩固小学至初中的数学基础，这样一来，文化课考试将不再是孩子升学的障碍。只要勤奋刻苦，都有机会获得保送本科的资格。到了高二，就读工科、护理学等专业的学生就有机会参加全省技能大赛，包括工业机器人、机电一体化、护理、中医康复等领域的比赛。如果能得到班主任的推荐参赛，获奖后，学校就会通过技能人才重点培养计划，帮助学生直升本科。这种模式类似于国企、央企培养中层干部，即便初始学历不高，单位也会全力支持员工深造，以匹配更高的职位需求。

公办学校与民办学校如何选

公办的中专、职高以及技校，在招生时都是依据学生的分数来进行筛选的。其中，公办职高与普高的分数线相差不多，而公办技校则有一个相对固定的分数线。到了 2024 年，这一趋势更加明显，甚至出现职高分数线超过普高的情况。这是因为很多学生虽然考上了高中，但考虑到考上本科的概率较低，故而选择就读职高。

过去，技校也有公办和民办之分。一般来说，中专的分数线在 350 分以上，350 分以下的学生更多会选择技校。然而，也有很多父母不希望孩子读技校，因此选择民办的职高或中专。

我更倾向于推荐大家选择公办学校。首先，需要明确的是，民办学校的本质其实是一种企业，核心目的必然是追求盈利。对此，家长和学生在选择学校时，应当有清醒的认识。

其次，公办中专和职高的专业设置涉及大量的实操和设备投入，如新能源、无人机等前沿领域，需要巨额的资金支持。相比之下，文化课所需的课桌椅、黑板等基础设施投入就显得微不足道。因此，国家财政对公办中专和职高的补贴力度要远大于普通高中。这些资金不仅用于购置先进的仪器设备，还用于设备的日常维护和更新，以确保学生能够接触到最前沿的技术和知识。民办学校由于资金来源的限制，很难在每个专业上都投入大量的资金。这就导致民办学校的学生很难像公办学校的学生那样，有足够的硬件条件去锻炼自己的技能。

以汽车修理专业为例，公办中专和职高通常能够为学生提供最新的汽车进行实操练习，甚至每个月都会更换新车以供学生练手，民办学校则无法做到这一点。很多民办学校的汽车运用与维修专业，可能好几届学生都在操作同一辆老旧的桑塔纳，这样的学习环境，很难让学生学到与市场接轨的新技术。

再次，民办学校还不可避免地存在不少套路。比如，虽然学费看起来不高，但杂七杂八的费用却很多。一些学校会利用家长对孩子的期望，推销名目繁多的证书和培训项目，如所谓的"国际证书"和"集训班"等，这些都需要家长额外支付费用才能获得，而这些证书和项目的实际价值，可能并不如他们宣传得那么高。

此外，父母还有一个普遍观念，就是认为公办学校学费低，管理会较为松散，而民办学校因为收了高昂学费，所以会对孩子更加负责。实际上，这种观念是错误的，民办学校的老师并不直接对家长负责，而是对学校的老板负责。同时，民办学校的老师流动性较大，很多老师只是把民办学校作为临时的工作单位，一旦考上公办学校的教师编制，就会立刻离开。

在孩子学习过程中，频繁更换老师带来的负面影响不容忽视。因此，选择学校时，除了考虑分数和学费等因素外，还需要考虑学校的管理和教师队伍的稳定性。公办学校由于有教育部门的监管和国家财政的支持，往往能够提供更稳定、更优质的教育环境。

中考后选择民办学校时，如何避坑

由于民办学校的底层逻辑是企业行为，当学校运营顺利、盈利丰厚时，学校和学生之间自然相安无事；然而，一旦学校老板急需资金回笼，个别民办学校就会采取一些极端措施。

最常见的情况就是用生源换钱，一些民办学校会把正在读书的学生"输送"到工厂，以换取每月 4500 ~ 6000 元的人工费。这笔费用并不会给到学生，而是直接汇入学校账户，也就是老板的私人账户。这样一来，老板就能迅速回笼大量资金。假设每个学生每月能带来5000 元收益，如果有 300 名学生被"输送"，那么一个月内，老板就能轻松回笼 150 万元。学生就像一块块闪闪发光的金子，被学校老板视为摇钱树。

学校通常会以实习为幌子欺骗学生家长，声称这是为了锻炼孩子。一些更恶劣的民办学校甚至会让学生签订长达两年的合同，而学生们往往对合同条款一无所知。一旦学生无法适应工厂环境想要离开，就会发现自己和父母需要承担高昂的违约金。

在中等教育中，通常会有"3+2"模式，它指的是学生在中专或职高学习三年，随后进入大专学习两年，最终获得大专毕业证书。可是，有些学校的"3+2"却存在猫腻，学生完成三年中职课程后，接下来的两年大专时光，却是在工厂打工中度过的，与宣传的接受正规高等教育相去甚远。

此外，家长还需要注意哪些问题呢?

第一个就是学费问题。民办学校一年学费往往高达 1 万元以上，公办学校则是免学费的，因为目前国家对于公办学校的职业技能教育，是由财政全额拨款的。

第二个必须关注的问题是：学校的任何协议、合同都不可以直接让学生签，必须由监护人签。就算是学生签，也是在监护人确认以后。

综上，家长最好选择当地正规的公办中专或职高。当然，如果孩子中考成绩较差，实在无法进入公办学校，那么选择民办中专的三年制升学班也是可以的，只是在孩子学习和升学的过程中需要格外费心些。

中职学校升学的跨区域事宜

中职生的升学渠道主要包括高职单招、对口高考和普通高考。其中，高职单招和对口高考通常会受到户籍或学籍所在地的限制。

高职单招就是省考，每个省的学生必须返回户籍所在地参加考试，而且考的大学也只能是省内的学校。高职单招面向的是高中生、中专生和社会考生，由单招院校自主命题考试。

对口高考面向的是职业高中、职业中专、中等职业技工学校的考生，是由省教育厅统一命题考试，对口高考的升学选择通常限于本省的高等院校，且填报志愿时需在所属专业类别内选择，不能跨类别填报。

普通高考，虽然理论上中职生可以报考全国范围内的院校，但实际操作中会受到学籍、户籍或政策等多方面因素的影响。

由于不同省份和地区的升学政策存在差异，具体能否跨区域升学，还需要根据当地政策来确定。因此，我建议家长们提前了解中职学校的招生政策、升学渠道及跨区域就读的相关规定。

什么情况下可以去私立高中

首先，对于中考成绩整体偏低，存在显著偏科现象的学生来说，可以考虑去读私立高中。特别是那些理科（如物理、化学）成绩优异，而文科（如政治、历史）相对薄弱的学生，私立高中能提供更灵活的分科制度，帮助学生扬长避短，专注发展自己的优势学科。

其次，如果女生具备特定身体条件（如身高优势），而且对服装模特、空乘等职业方向感兴趣，私立高中可以提供更专业的特长培养路径。这些学校往往与相关行业有紧密联系，能够通过特色教育课程及实践机会，帮助学生以相对较低的文化课分数进入优质高校。

然而，私立高中也有其特殊的运作机制。为了提高学校的升学率和知名度，他们会积极争取并重点培养成绩优秀的学生。这包括通过奖学金、学费减免等手段吸引高分学生，通过转学、学籍变动等方式，将重点高中的尖子生纳入麾下，期望他们在未来高考中取得好成绩，为学校赢得声誉。

还有一点要提醒家长们注意，就是私立高中的教师流动性问题，教师的频繁变动会影响学生学习环境的稳定性和连续性。因此，在选择私立高中时，家长和学生需综合考虑多方面因素，包括学校的师资力量、教学质量、管理稳定性，以及是否真正符合学生的个人发展需求。

可以给孩子规划一条
"出国工作"的路

什么情况下推荐未来出国工作

2002 ~ 2012 年，中国的人口出生率持续攀升。这一增长势头在 2013 ~ 2017 年逐渐放缓，随后人口出生率开始下滑。那么，在 2002 ~ 2012 年这 10 年间出生的孩子，在升学和就业方面就要面临更严峻的挑战。

现在，许多家长已经感受到了形势的变化：薪资待遇并没有如预期般逐年提升，就业形势反而越发紧张。特别是对于那些 35 岁左右的中年人来说，如果没能跻身核心管理层，便可能面临被替代的风险。当大学生们步入就业市场时，他们往往会受到老员工的排斥，因为他们被视为是在抢夺中年人的饭碗。他们年轻、有活力，对工资的要求也相对较低，这就加剧了职场竞争的激烈程度。

既然在国内难以找到理想的发展机会，那不妨为孩子规划一条出国工作的道路。一提及出国，家长们很容易联想到两点：安全和资金。其实，我想传递一条积极信息：在多数发达国家中，我国的中专、职高及技校生所受欢迎的程度，远高于高中生和本科生。

从国际就业市场来看，发达国家不仅对我们的职业教育十分欣赏，而且亟需我们培养的技能型人才。对于大多数出国工作或移民的人来说，他们的目标往往是发达国家，这些国家以高福利著称，贫富差距相对较小，因此人们没有那么大的工作压力，生活较为悠闲，德国甚至已经试点一周四天工作制。

在这样的社会背景下，发达国家面临着技术工种短缺的问题，因为本国居民不愿意从事这些工作，这成了许多发达国家有待解决的民生问题，但这也给中专、职高和技校的学生出国工作提供了机会。首先，他们是凭借技术出国，无须承担高额费用。其次，学历不再是硬性要求，只需提供从事相关技术工作的证明。

哪些专业在国外备受欢迎

·焊接技术类专业

无论是中专、职高、技校，还是大专院校，都设有焊接技术专业，有些学校甚至还开设了智能焊接课程。在国际劳务市场上，焊工的需求量极大，尤其是加拿大、美国、澳大利亚和新西兰等国家。由于这些国家的基础设施建设需求旺盛，熟练的电焊工备受青睐，且薪资待遇相当优厚。

以加拿大为例，我从当地朋友那里了解到，焊工在加拿大的基本年收入为 6 万加元，折合人民币约 32 万元，相当于每月收入约 2.7 万元人民币。对于一个来自中专、职高或技校的学生来说，如果家庭没有人脉和资源背景，在国内的月收入可能只有几千元。然而，在加拿大，他们每月能存下约 1.3 万元人民币。

此外，像加拿大这样的国家，政府通常会为外来务工人员提供前 3 年免费工作的机会。只要在前 3 年没有违法犯罪记录，并具备持续工作的能力，政府很可能会颁发枫叶卡。至于是否选择移民，完全取决于个人意愿。这样的机会能让他们在一个更重视专业技能的地方发光发热，而且他们的年薪通常都能达到 6 万 ~ 9 万加元。

·建筑类专业

尽管目前国内的土木工程专业就业情况颇为惨淡，但发达国家对土木技术的需求却日益增长。土木工程在建筑领域有着不可替代的地位，虽然与焊接技术相比，土木工程的工作强度更大、环境更为艰苦，但工资待遇也相应更高。

建筑类的另一个专业是建筑钢结构工程技术，它主要培养钢筋工。与土木工程相比，钢筋工的操作要求相对简单，然而他们的工资待遇却比土木技术工和焊接技术工优厚。这是因为他们主要负责建筑体中钢筋的加工和安装，不仅工作量大，而且存在一定的安全风险。

第三个专业是建筑瓦工，主要从事混凝土工作，如砌砖、铺瓦等。

瓦工的工资待遇与钢筋工基本相当，工作强度相对较小。不过，国外对瓦工的需求量并没有钢筋工和木工那么高。

·医护类专业

首先是护理专业。早在 20 世纪 90 年代至 21 世纪初，我国许多三甲医院的主治医师为了寻求更高的收入，会选择前往欧美发达国家从事护工工作。如今情况已有所不同，国外招聘的护士大多来自我国中专、职高、技校，以及专科院校中的护理专业学生。对于发达国家而言，无论是公立医院还是私立医院，都普遍面临护士短缺的问题。因此，国内具备专业技能和持有相关证书的护士，在国外有着广阔的就业机会和发展前景，年薪基本可达 10 万美元左右。

医护类中的另一个专业是康复医学。按摩和针灸原本属于中国的特色疗法，如今在西方国家也相当流行。这主要有两个原因：一是越来越多的中国人前往国外工作，他们把国内传统的健康理念传播到了国外；二是外国人的肌肉相比国人更为发达，尤其是男性，而肌肉越发达，意味着肌肉损伤和疼痛的风险越大。在这种背景下，中国的传统理疗手法为他们带来了神奇的疗效。因此，如今中国的理疗师在国外相当受尊重，尤其在欧美发达国家，如西班牙、葡萄牙、英国、法国、德国等国。

我国的中专、职高和卫校中，都开设了专门的理疗专业和中医针灸专业。如果想趁着年轻多赚些钱再回国，那么选择理疗师职业无疑是个明智之举。

·烹饪技术类专业

众所周知，中华美食享誉全球。随着新媒体的兴起，中华美食在国际上越来越受关注和追捧。因此，中餐厨师在国外的工资相当可观，堪比外国人在中国当西餐厨师的待遇。

一般来说，中餐在国外的定价都相对较高，比如，一盘只放了三个饺子的菜品，价格可能高达十几欧元。由此可见，中餐在国外的利润空间是相当大的。如果在国外工作几年后，想要回国发展，就业前景也很不错，可以去五星级酒店等高端餐饮场所应聘，面试成功的概率也会高很多。

·汽车维修技术专业

汽车工业在美国等国家已经发展了上百年。由于这些国家的高社会福利制度，本国国民在工作态度上往往有些懒散。他们常常在工作没完成时就急于下班，如果老板稍加挽留，他们甚至会叫来工会制裁老板。因此，这些国家对汽车维修技术人员的需求非常大，尤其欢迎中国的汽车维修工人。中国人以勤奋著称，对于老板的加班要求，他们通常毫无怨言，因为这些工作在他们眼里并不复杂。

我曾听说这样一件事情，某个国外工厂里有 5 名汽车维修工，某一天，其中 2 名中国工人因为需要开家长会而无法到岗，老板提前一晚上主动到他们家里慰问，还安排其他工人为他们代班，由此可见中国工人在国外受尊重的程度。

中国的汽车维修技术教学是相当出色的，不仅涵盖了机械相关的维修知识，还包括机电和电子相关的基本功。相比之下，国外的汽车维修专业教学就比较单一，只专注于某一方面的技能。中国的汽车维修工人具备多方面的技能，不仅能补胎、贴膜，还能处理电路问题，甚至进行更复杂的维修工作，这使得中国的汽车维修工人在国外具有极强的竞争力。在美国和欧洲这样的发达国家和地区，几乎每家每户都拥有一两辆车，有趣的是，这些国家的人并不喜欢频繁购买新车，一辆车常常能开三四十年。因此，汽车维修市场，尤其是内燃机的维修，在国外的需求是巨大的。

·美容美发技术专业

不知大家注意到没有，虽然西方发达国家在芯片技术等方面很强，但在美容、美发、美甲领域却不尽如人意。比如纽约、华盛顿的很多理发店，理发师打造出来的发型千篇一律，客户还很难与他们沟通。如今，越来越多的中国人开始在国外开设发廊和美甲店，提供优质的服务，很受当地人欢迎。因此，学习美容美发专业的学生，可以考虑到国外从事美容美发工作，或许能更快地积累财富。

·数控专业

制造业越发达的国家，数控加工就越是重要的生产环节。掌握数控编程及数控设备的操控技能，就能在西方国家的机械制造、模具加工等企业里找到匹配的岗位。这些岗位的工资待遇相当优厚，一般年薪是 10 万美元起。对于有志从事制造业的孩子来说，数控专业是非常值得考虑的。

·计算机专业

我发现，很多家长都对计算机专业情有独钟，即使孩子只考上了二本或专科，父母也依然希望他们学习网络软件、计算机数据等相关专业，憧憬着他们毕业后也能成为拿高工资的 IT 精英。然而，当前我国计算机相关领域的企业员工已经接近饱和，许多企业开始大规模裁员，就连阿里这样的行业巨头也不例外。

在这样的行业背景下，让孩子从专科或二本的起点去卷计算机专业，显然是不理性的。现在哪怕读到硕士甚至博士，也未必能得到一个工作机会。

因此，我建议家长尽早规划，让孩子出国从事软件开发、网络工程、数据分析等领域的工作。在全球数字化发展的大趋势下，信息技术人才在国外的需求量仍然很大，孩子或许能在国外找到更好的发展机会。

其实，大部分家长对计算机行业的工作了解并不深，大家还会以程序员秃头、"996"加班等刻板印象来嘲笑这一职业。然而，"996"这种加班文化在西方是很难被接受的。

如今，越来越多的中国计算机专业大学生选择走出国门，到外国发展。他们的加入不仅填补了这些国家相关岗位的人才缺口，同时也让他们有机会实现自我价值。在发达国家，他们能够接触到比较先进的科技，从而不断提升自己的技能水平。当他们学成回国时，这些宝贵的经验和技能将对我国的技术发展产生巨大的推动作用。因此，要鼓励孩子们走出国门，从事软件相关领域的工作，这不仅能让他们实现个人价值，还能为我国的科技发展贡献一份力量。

出国工作要做哪些准备

一、年龄要求。国外对于出国工作的年龄限制相对宽泛，通常来说，18 ~ 45 岁是申请出国工作的最佳年龄段，更容易获得工作签证。

二、学历认证。孩子必须在完成专科学习后，再联系国外的工作单位。只有这样，他们的学历才能得到国际机构的认证，从而有资格申请工作签证。

三、语言能力。这是出国工作的关键，大多数国家都要求申请者具备英语沟通能力。因此，如果孩子没能考入高中，选择了中专、职高或技校，但家长又希望孩子未来能多赚钱，那就一定要让孩子从进入这些学校开始，就注重英语的学习，督促孩子每天背诵 5 个单词，提前学习雅思，现在雅思的分数要求是一年比一年高，今后可能要达到 6.5 分。

此外，家长们也需要提前做好资金准备，像加拿大、新西兰等国家，通常需要申请者提供一定的资金证明，以确保他们进入这些国家后能够稳定生活，这笔资金预计在 40 万元人民币左右。

低分段孩子的
高考升学之路

别太担心，未来的孩子
大都有大学读

教育双轨制

自 2021 年"双减"政策提出，到 2023 年推出"五五分流"政策[1]，我国的教育政策已经逐渐将学生进行了合理划分，并为他们分别打通了升学通道，特别是低分段学生，如今拥有了更多提升学历的机会。

此外，从 2013 年开始，我国的人口出生率增幅呈现明显的下降趋势。到 2017 年以后，出生率更是连年下降，这对于目前正在读小学六年级（2017 年入学）和更低年级的学生来说，是一个值得关注的趋势。

1　2023 年教育部颁布的中考升学模式，即中考后升入高中阶段的学生，约一半就读高中（普通及成人高中），一半就读中等职业教育学校（中专、职高、技校）。

未来，师范类专业毕业的学生可能比在读生还多，大学为了自身的生存问题，不可能因为人口减少就关闭，所以未来的孩子几乎人人都能接受高等教育。

高考是唯一的独木桥吗

2002—2012 年出生的孩子，面临着不小的高考竞争压力。高考分数线也在逐年攀升，前一年 450 分就能考上的大学，今年得考到 520 分，才勉强达到录取分数线。当然，我并不是鼓吹放弃高考，而是帮助大家从更多元化的角度去看待高考。

我们通常理解的高考是纯粹考查文化课水平，2024 年，全国有 1342 万人参加高考，创下了历史新高。预估 2025 年参加高考的复读生可能在 500 万~600 万，如果再加上原本的近 1000 万高考考生，那么，2025 年的高考考生人数预估可能有 1600 万。可是，大学的招生名额并没有相应增加。

当前，国家正在大力发展职业技能教育，只是还没有引起家长们足够的重视。他们花费重金让孩子读私立高中，仍寄希望于通过高考改变命运。但高考的竞争日益激烈，今年 400 分的成绩可能只能报考去年 300 分就能进的学校，一旦志愿填报不当，孩子又要复读，陷入这样一种死循环是非常可怕的。

家长们最需要做的，就是转变传统观念，不能让孩子都挤在高考的独木桥上，不是所有的孩子都适合走这条路径。我们要明白，价值在一定程度上是由供需关系决定的。当一种东西供大于求时，它的价值就会降低；当求大于供时，它的价值就会提升。在教育领域也是如此，如果所有人都去追求文化教育，自然就会降低其价值。

很多家长告诉我，他们的孩子不爱看书。但当我问起孩子是否爱看小说时，他们的回答常常是肯定的。其实，看小说也是爱看书的表现，家长往往把语文、数学等教材当成了书的全部，这种理解太狭隘了，会让孩子的路越走越窄。

对于大多数家庭来说，孩子成绩处于中下游是正常的，真正拔尖的孩子凤毛麟角。因此，家长和孩子要尽早认识到职业技能教育的重要性，让孩子有更多选择和发展的空间。

高性价比的"水硕"

对于那些对研究生学历有执念的孩子，如果成绩并不好，其实可以考虑选择"水硕"。这不是贬义词，而是一个切实可行的选择。

很多人对"水硕"存在误解，认为它很"水"，比如一年制硕士，只需要交钱就能毕业，甚至不需要写论文。但现在的问题是，即使你认真写论文，学习三年才毕业，投入了金钱和时间，毕业后可能仍然找不到工作，因为企业看重的是实际能力和经验，而不仅仅是一纸文凭。

相比之下，"水硕"具有时间短、费用相对较低的优势。比如马来西亚、韩国等国以及我国香港地区的一年制硕士项目，教学内容注重实践和应用，对语言的要求也不高，有的大学甚至提供全中文授课。学生不仅可以在短时间内获得全日制硕士学历，还能节约时间成本。"水硕"学历在国内同样能得到认可，对于落户和找工作都有帮助，与本土硕士毕业生相比，"水硕"学历的持有者在就业市场上并不处于劣势。

低分段孩子考上本科的
三种途径

技能高考

技能高考是以技能实操为核心，辅以文化知识考核，给中职学生提供的一条通往全日制统招本科的路径。这个模式仅限于本省本科院校，考试内容的 70% 聚焦于技能实操，30% 考查文化基础，其中文化课考试围绕语文、数学和英语，难度是小学六年级至初中二年级的水平，大大减轻了学生的压力。因此，参加技能高考的学生，可以把主要精力用在提升技能水平上。

通过技能高考考取大学的孩子，毕业后获得的文凭与全日制本科一样，同时，他们掌握的技能，可以帮助他们在步入职场后迅速实现价值转化。因此，技能本科不仅是教育的创新尝试，更是国家未来高等人才培养战略中的重要一环。

专升本考试

只要孩子能够成功专升本，本科就是他的第一学历，无论是公务员考试、事业单位招聘，还是研究生深造，都可以畅通无阻，不再受到任何限制。不过，想要专升本成功也并不是一件很容易的事情，在此，我想跟家长和孩子们分享几条建议。

首先，从踏入专科校门的那一刻起，孩子们就应该把专升本视为自己未来3年的核心目标。最需要细水长流坚持的，就是英语的学习，家长要督促孩子每天坚持背诵单词，3年累积下来，词汇量就能得到很大的突破。

其次，要了解并把握专升本的政策优势。如果孩子在专科阶段选择了难度较大或竞争激烈的专业，如工科、计算机、医药学等，专升本时不妨考虑跨专业报考，可以选择教育学、旅游学、汉语言文学、管理学这四大专业，它们都有较高的通过率和较多的招生名额。选择这些专业，对提升录取概率很有帮助。

最后，专升本的必要性不仅体现在最终的本科学历上，更在于备考过程中的自我提升与成长。一个为专升本梦想而奋斗的孩子，他的学习态度、自我驱动力和目标感都会远超同龄人。他们会在3年的大专生活中，始终保持积极向上的心态，不断追求知识的深度和广度。这种持续的学习状态，将使他们在潜移默化中积累起宝贵的学术素养和综合能力，为未来的职业生涯打好基础。

大专参军入伍

对于部分低分段学生来说，大专阶段参军入伍，是通往个人成长与学历提升最有意义的途径。目前，我国大力推行大学生征兵计划，只要身体素质达标，政审通过，他们便能踏上军旅生涯，履行两年义务兵职责。回归校园后，他们可以任意选择专业，还能享受免试专升本的优惠政策，实现学历飞跃。

有不少家长来咨询什么时候参军最好，我建议"早规划、早行动"，越早参军，意味着越早享受政策的红利，特别是对于刚刚结束高考的学生而言，此时参军不仅能免除未来 3 年的学费负担（因代表学校入伍，学校将承担其学费），还能在部队中磨砺意志、锻炼体魄。如果在大二或大三才考虑参军，会面临已缴学费不退还等问题。

此外，高校对于参军归来的学生会给予不少优待，这不仅体现在物质层面，如奖学金、补助金等经济支持，还有精神层面的嘉奖和肯定。参军归来的学生，因其在部队中的历练与成长，往往会展现出更加稳重、执行力强、富有决心的军人气质，在关键时刻，他们更容易获得老师提供的社会资源与推荐机会，如校园招聘的优先推荐、评优评奖的优先考虑等。

视力是不少家庭关注的焦点，对此无须过分担忧。在征兵前半年，如果学生的近视度数在 500 度以下，完全可以通过飞秒激光近视手术恢复视力，以满足参军的视力要求；不过，如果度数超过 500 度，就不建议参军了。

把握就业优先大原则

教育改革大方向——就业导向

从 2024 年国家最新政策来看，国家正在大力扶持专业硕士和专业博士教育。以往，大多数孩子考取的都是三年制学术硕士，但接下来的整个教育改革，都会围绕"就业"二字展开，这是国家的核心议题。

我国现在实行教育双轨制，通过九年义务教育，将天赋不同的孩子一分为二：一部分孩子按照常规流程，从高中再到大学；另外一部分孩子，他们从小需要父母催着学习，如果父母不把手机藏起来，他们的心思就都在手机上。既然孩子在文化课上没有天赋，父母就应该果断地把他们送到公办中专或职高去学习。

中职院校会相对弱化文化课，更多偏向技能教育，开设的专业基本上都是国家急需的技术专业。这就意味着，这些孩子未来的就业前景，可能会比那些到了十七八岁还没确定方向的孩子更好。

作为父母，我们应该根据孩子的实际情况和天赋，选择适合他们的教育路径，而不是一味地追求高学历或名校。只有这样，我们才能帮助孩子找到自己的定位，真正实现人生价值。

紧缺的专业技能人才

从 2024 年开始，本科教育将全面向中专和职高扩招。根据 2024 年的数据，许多私立高中的本科升学率非常低。与此形成鲜明对比的是，同年许多中专和职高的本科升学率有显著的提高。我曾经去一所职高院校做过调查，每个班级 50 人左右，平均每个班有 13 名学生考上了公办本科。

此外，国家还出台了一项配套政策，学生读完三年职业教育后，就可以参加技能高考。技能高考的文化课考试只考查语文、数学和英语，难度仅相当于小学六年级到初中二年级的水平。技能高考特别注重技能分，若满分 700 分，那技能分可能有 450 分，文化课分只有 250 分。只要学生在课堂上认真听讲，基本上都能考到 400 分以上的技能分。再稍微努力一下，文化课拿到 100 多分也是没问题的。

这就是为什么很多学生都能通过中职考上公办一本或二本，而且这个比例还会不断扩大。国家全面扩招的目的，就是为了提升国家整体技能水平，培养更多具备专业技能的人才。

盲目迷信高中不可取

许多父母存在一个思维误区，认为只要花钱让孩子进高中，孩子就能考上大学。其实，成绩的提高与进高中并不画等号，如果孩子初中基础没有打好，进入高中后就很难跟上学习进度。特别是当孩子学习态度本就一般，面对高中巨大的学习压力时，他们更容易感到力不从心。

目前的高中学习模式是高一、高二就把三年的内容全部学完，高三用来复习。学校并不会对赞助生特别照顾，教学节奏一如既往。因此，在高一期末时，有的孩子只能考一二百分，到了高考时，他们可能连民办大专都考不上。

家长们要清醒地认识到，现在的高中教材，从高一开始难度直接拉到顶。这样做的目的，是通过高中阶段筛选出在学术层面真正有天赋的学生。因为靠填鸭式补课考上大学的孩子，只会死记硬背和题海战术，进入大学后反而会迷失方向，毕业后就业问题也难以解决。因此，我们应该鼓励孩子去自己擅长的领域发展，而不是一味追求高学历或名校。

家长们，请摘下有色眼镜

"高中氛围一定好，而中专和职高的学习风气都是差的。"如果作为家长的你也这样认为，那么是时候改变这种刻板印象了。

从 2022 年开始，公办中职院校不断加强学校管理和师资建设。我每个月都会去区教育局开会，了解到教育局现在最关心的问题，就是中职院校的内部管理水平和教学水平的提升。公办中专和职高的孩子们，为了考上大学都非常拼，并不是大家想象中的那样放纵散漫。

家长们之所以有这种印象，很大程度上是心理作用在作祟。他们在高中门口看到一个抽烟的孩子，会认为是社会上的人；而在中专门口看到抽烟的孩子，就下意识地认为"中专果然风气差"。

我想告诉家长们，孩子学习不好不代表人品不好。很多孩子是真的学不懂，也学不进去，他们也很无助。每个孩子都不希望自己是差生，都渴望得到夸奖和表扬。但是，有些事情并不是努力就能改变的，就像你让一个数学很好的孩子去跟刘翔比跨栏，他可能一个栏都跨不过；反过来，你让刘翔去搞数学，他可能也会毫无头绪。每个人都有自己的长处和短处，不能一概而论。

分数刚踩线，父母该如何抉择

过去，当孩子的成绩刚好达到普高线或本科线时，家长们会想尽办法让孩子进普高或拿到本科文凭，即使花钱进民办学校也心甘情愿。如今，家长越来越务实，选择学校和专业时，把孩子毕业后的就业前景放在首位，不再那么迷信文凭。

我的建议是，如果孩子的成绩正好踩着普高线，就以数学和英语成绩为判断标准：若高于 80 分，可以考虑去读普高，否则还是建议走中专、职高的道路，因为中职教育在很大程度上能够让孩子读上公办大专，还可以为孩子提供更多的就业机会。

当然，从主观层面来看，孩子也有权利做出自己的决定。父母在尊重孩子意愿的同时，也要让他们明白，高中的学习压力、知识点的难度，比起初中提高了不是一点半点，需要付出更多努力和时间。

与此同时，父母也可以向孩子介绍一些中职学校的专业，看看是否有孩子感兴趣的领域。中职学校的升学率并不低，而且很多专业都与国家需求和就业市场紧密相连。如今互联网发达，在填报志愿前，都可以上网了解各个专业的详细信息。其实，职高里的专业设置非常先进，包括无人机、人工智能、大数据、物联网、智能控制技术、新能源等专业，这些都是国家战略发展的核心领域。如果孩子对某个专业产生浓厚的兴趣，在学习中就会更有动力，也更有可能取得好成绩。

分数不理想，选择民办二本，
还是公办专科

有些家长发现，尽管孩子的高考分数达到了本科线，却只能选择民办的二本学校。他们来找我咨询，是否应该把公办专科作为替代方案。我认为，无论是民办二本还是公办专科，都有其合理性。

看重文凭选择民办本科

民办本科属于本科教育，毕业证和学位证上明确标注着"全日制统招本科"，这是国家教育部颁发的。民办本科的学制为四年，相比"3+3"或"3+2"模式，可以节省至少一年时间。要知道，在专升本的学生中，有80%最终升入的还是民办本科。民办本科毕业后，孩子可以直接参加公务员考试、考研等，不会受到学校性质的影响。

当然，选择民办本科也有缺点，那就是学费昂贵，对于一些家庭来说，是不小的经济负担。不过，家长也不必过于担心，孩子已经成年，可以通过勤工俭学等方式来减轻经济压力。

明明有很多民办本科也是不错的选择，但为何仍有很多人将其称为"野鸡本科学校"呢？这主要是因为"野鸡"这一称呼本身带有一种非官方、调侃的意味。所谓的野鸡学校，通常指的是那些学费昂贵、教学质量却无保障的学校。这些学校往往办学时间不长，专业设置不考虑孩子就业，导致孩子毕业后就业困难。例如，一些民办本科院校开设了诸如国际金融、市场营销、工商管理、保险服务、现代文秘等专业。这些专业开设成本低，只需一间教室、几本课本、一些课桌即可。而学校却不敢开设那些需要较高投入的理工类专业。这样的专业设置，使得孩子在本科学了四年，学费高昂，却往往学不到实用的技能，毕业后难以找到工作。

然而，事实上，一个学校如果能在国内开设本科教育，就已经很了不起了。民营企业有资格给孩子颁发全日制的本科学士学位证，这也是一种实力的体现。当然，家长可能会觉得这些学校没有"三包凭证"，也没有历史底蕴和保障，因此会有些无奈。其实，不仅是民办学校，一些公办学校也存在类似的问题。比如某些地方学院，同样没有深厚的历史底蕴。因此，在选择学校时，家长和孩子需要全面考虑，不能仅凭一些片面的信息就做出判断。

就业导向，公办大专更务实

也有不少家长更加务实，更看重孩子的就业前景。他们愿意让已经达到本科线的孩子去读公办大专，因为孩子可以选择国家重点院校，有些院校直属于工信部、电力部门、交通部门、铁路部门等，如某某电力电子技术工程学院、某某城建学院、某某铁路学院、某某建筑交通学院等。

这些学校的一些对口专业，在每年大三毕业季，都会吸引国家的各个单位前来校招。这些单位是不会去民办本科或专科学校进行校招的，他们只认这些达到本科线的孩子所读的专科学校。表现优秀的孩子进入单位后，待遇很高，还能获得编制。即使是表现一般的孩子，也有机会作为编外人员进入这些单位工作，只要认真工作，后面还有很大的提升空间。

从就业角度来看，专科确实比某些公办或民办的本科更有优势。因为专科教育更注重实践技能和职业素养的培养，更符合一些用人单位的需求。而且，专科的学费相对较低，基本上在每年 2500～4500 元，三年下来也就万把块钱，这是大多数家庭都能承担的。

此外，专科正在慢慢与本科、硕士、博士等高等教育进行分层，这种分层主要基于专业的不同。有很多专业到了专科层次，就不再提供升本科的机会，这并不意味着专业没有价值，相反，这些专业往往是与市场需求紧密结合的。例如，计算机专业在本科、硕士、博士层次都有，学医科专业的话，本硕连读再加上读博和规培，孩子可能都三十五六岁了。而专科的很多专业，如林业种植技术、水产养殖技术、园林园艺技术、畜牧兽医技术、宠物临床医学等，都是本科、硕士、博士层次不开设的专业。这些专业不仅有市场需求，也符合国家发展的需要，工资待遇也比一般的文员甚至本科生要高很多。

教育选择的底层逻辑

家长们之所以为孩子的前途焦虑，很大程度上是因为没有把握住教育选择的底层逻辑。只有抓住主要矛盾，很多困惑才能迎刃而解。

首先，家长应优先考虑专业问题。如果孩子想学宠物临床医学，就不能选择民办本科，因为民办本科大概率没有这个专业。

其次，家长应该考虑城市因素。如果孩子想学会计，民办本科和公办专科都有这个专业，这时，我们就需要考虑城市因素。选择民办本科，孩子可能会去偏远地区，如黑龙江、青海、新疆等地。同样的分数，如果选择公办大专，孩子则有机会去上海、北京、深圳等大城市。这些大城市不仅教育资源丰富，而且就业机会也更多。以深圳职业技术大学为例，孩子读公办大专，一年学费加住宿费才 4500 元，这在北京可能只是一个月的房租。因此，如果城市条件不同，我们当然应该选择对孩子未来就业更有利的城市。如果城市条件也相同，我们再考虑本科与专科的选择。这时，家长已经根据专业和城市做出了最优选择。

此外，我还想补充一个小技巧。如果孩子踩着本科线，但家长既不想支付太高的学费，又不希望孩子未来只是专科学历，那就可以考虑专本贯通"3+2"模式。这种模式允许孩子在读完三年的专科后，直接对接两年的全日制本科，毕业后获得全日制的学士学位证和本科毕业证。这种模式的本科毕业证与普通全日制本科毕业证不同的是，上面会标记"专科起点本科"的信息。

我个人建议，孩子的分数若在分数线上下 15 分之内，都可以选择专本贯通。专本贯通每年的招生人数有限，知道的人也不多，家长与孩子在填报志愿时可以考虑。班主任通常会在高三时发给孩子填志愿的表格，家长可以留意一下。

专本贯通一般适合那些刚达到本科线，并且想确保能获得本科学历的孩子。如果孩子冲击更好的本科专业失败，滑档后不想参与补录或征集志愿，那么专本贯通就是一个不错的选择。不过，如果分数太低，可能就无法被录取。而且，后面两年的本科教育通常对接的是民办本科。

专科真的比本科差吗

专科和本科的区别到底在哪里

作为一名大学教师，我深知本科与专科的本质区别不在于层次高低，而是发展方向各有侧重。如果有志于学术领域，本科教育无疑是理想选择；而对于倾向掌握专业技能的学生，专科教育同样能够铺就成功之路，就业前景并不逊色于本科生。

本科学生与专科学生在学习态度上，也没有绝对的高低之分。有些本科生进入大学后，就放松了自我要求，沉迷于网络游戏；同时，也有许多专科生对未来有着清醒的认知，刚入学便积极投入学习和实践，利用课余时间勤工俭学，积累工作经验。

我有一位学姐，她不是科班出身，凭借着对化妆艺术的热爱，在专科学习期间不断锤炼技艺，并在校外兼职，最终在新媒体领域大放异彩。她创立的化妆教学品牌赢得了市场的广泛认可，也带给她丰厚的经济回报。

一个人的职业成就，绝不是"本科"或"专科"的标签所能断定的，真正能让一个人在职场上脱颖而出的，是品行、能力与坚持。当然，我也理解在当前的教育环境下，本科与专科之间确实存在某种社会认知上的差异，但这不应该成为衡量个人能力的唯一标准。在招聘过程中，企业虽然会优先考虑名牌学校的应聘者，但这更多的是出于工作效率的考量。就我个人而言，更看重候选人的实际能力、思维深度以及与团队的契合度。我会考察新员工的到来，能不能为团队注入新的活力与灵感。

当前，获取本科文凭的途径日益多元，如参军入伍政策、专升本考试等。对于中专、职高学生而言，通过"专套本"等方式，可以在获得全日制大专学历的同时，也取得成人自考本科学历。尽管在社招中，这类学历可能不占绝对优势，但在校招中却颇具竞争力。比如城建类职业技术学院每年举办的校招活动中，有不少专套本学历的毕业生进入国企、央企，特别是在建筑、施工等行业。此外，护理领域也是如此，除三甲医院外，众多市级、县级医院都对专套本学历持开放态度。

为什么我强烈反对复读

复读一年，孩子就能多一次机会吗？复读一年，原本只能考上专科的孩子就能顺利进入本科吗？实际上，人的一生是短暂的，少了一年也是一种损失。

而且，如果孩子在三年里都没有学好，为什么有信心在一年里就能学好呢？我能理解家长希望孩子考入本科大学的殷切期望，但我们要明白，读书和拿到学历并不等同于保证就业，这两者之间并不完全挂钩。另外，我们还需要搞清楚，家长是否一味地把自己的梦想强加给孩子，而没有考虑过孩子真正的想法。

当然，也有一些特殊情况可以考虑复读，比如考试当天出于某些原因无法参加考试，导致某一科成绩丢失，这样的情况下，复读一年是有意义的。

如果孩子已经尽力了，正常发挥考出了这个分数，那么复读一年可能并不会带来更好的结果。比如，孩子平时考试成绩就只能达到上民办大专的水平，再学一年估计也无法改变这个事实。

专科生通常更注重实践技能和操作能力的培养，他们能够胜任那些技术性、操作性强的岗位。而且，专科生对于工资待遇的期望也相对较低，他们更愿意从基层做起，通过不断的学习和积累来提升自己的能力和价值。

很多专科生在与我沟通时都表示，他们在大学毕业后会感到迷茫和不安。但是，当他们进入企业后，通过不断的努力和学习，他们的工资待遇会逐渐提高，甚至有些专科生在工作了四五年，积累了一定的客户群体和经验后，还会选择创业。

家长们要明确现状，不要因为盲目追求高学历和名校文凭而逼迫孩子复读。对于孩子来说，更重要的是培养他们的实践能力和技能，这才能让他们在就业市场上更具竞争力。

警惕"大学计划外招生"

一般情况下，如果孩子的分数没达到公办大专院校分数线350分，那么家长可能会在短时间内接到来自全国各地本科大学招生办的电话，电话内容大同小异："请问您是某某同学的家长吗？我注意到您孩子今年的高考成绩并不理想，我是某某科技大学的招生老师，我们学校是公办本科大学，目前有一个计划外招生项目。通过这个项目，您的孩子可以获得本科文凭。请您放心，我们可以签订正式的合同。"

对于正为孩子高考成绩焦虑的家长来说，这样的电话无疑像是一剂强心针，让他们感到既惊喜又兴奋。招生老师会进一步解释说："我们大学的招生不仅有计划内的，还有计划外的。这个政策不公开宣传，都是根据大学每年的招生计划来制定的。比如今年，我们学校会计专业计划外招生全国有710个名额，分配给您所在省份的有80个。我看您孩子各方面的条件都很符合我们的招生要求。"

当家长问起学费时，招生老师会告诉他们，学费与正常本科生的学费相同。于是，家长便以为孩子真的有机会成为本科生，感激地表示希望与招生老师见面详谈。

当家长带着孩子满怀希望地赶到学校时，就会发现事情并不像想象中那么简单。学校确实是本科大学，但孩子报名的却是全日制本科助学班。这种班级的学生虽然也能获得本科毕业证，但与通过正规高考录取的本科生相比，存在很大差异。

首先，全日制本科助学班的学历证书上会标注"高等教育自学考试"的信息，因此学历在社会上的认可度并不高。

其次，助学班的学生与正规本科生相比，在教育环境和住宿条件上也存在明显差异。正规本科生通常住在校内，享受学校提供的各种资源和便利；助学班的学生则会被安排在校外住宿，很难充分融入校园生活。

此外，虽然表面上看，助学班学生的学费与正规本科生的学费相同，但学校会以各种名义收取额外费用，如学籍注册费、计划外招生费等。一年下来，这些费用可能会高达三四万元。

因此，家长和孩子对这种"大学计划外招生"需提高警惕。

低分段孩子高考填志愿时，优先选择城市还是学校

什么情况下优先选择城市

一般情况下，如果孩子的高考分数比一类本科分数线高出 60 分以上，那么在填报志愿时，可以优先选择大城市，比如北京、上海等。在北京、上海读公办本科，学费相对较低，虽然生活成本比较高，但性价比也是最高的。因为大城市不仅教育资源丰富，招聘教师的门槛也相对较高，这意味着孩子能够受到更高水平的教育。同时，大城市的城市面貌会更多样，视野也会更加开阔，有助于孩子拓宽眼界、增长见识。

然而，如果孩子的分数只是略高于分数线或者踩线，那就需要优先考虑学校了。因为在大城市里，同等级别的学校分数线往往更高。

在这种情况下，为了某个城市而降低院校等级或放弃专业选择，显然是不明智的。

因此，在选择城市和学校时，我们需要根据孩子的实际情况和分数水平来做出具体决策。既要考虑大城市的资源和机会，也要兼顾学校的实力和专业特色。只有这样，才能为孩子找到最适合他们的道路。

选择学校的底层逻辑

我认为在选择学校时，应首先关注专业，因为专业直接决定了未来的就业方向。其次，如果分数足够高，当然可以选择大城市的好学校；但如果分数不够，也不必勉强，可以选择小城市的优质学校。毕竟，院校的档次和教学质量才是决定一切的关键，小城市同样有优质的教育资源和就业机会，而且生活成本还相对较低。

被忽视的小城市就业红利

许多家长可能会担忧一个问题：我的孩子在小城市读书，会不会对他们未来的发展和就业产生不利影响？在这里，我想请家长们打消顾虑，因为在某些情况下，小城市反而是一个更好的选择。

随着中国城镇化改造的加速推进，大城市与小城市之间的差异正逐渐变得模糊。大城市交通拥堵、工作岗位竞争激烈等问题日益凸显。

许多大学教授甚至搬到城市外围或县城里居住，因为这些地方的配套设施也在不断完善，商圈、医院、学校等一应俱全。

如果孩子来自县城或小城市，突然进入大城市这个花花世界后，他们会面临许多无法抵挡的诱惑。我曾经做过一项调研，发现在大城市读书的孩子在学校待的时间比在小城市读书的孩子要少很多，他们更容易受到外界的诱惑，更容易逃课出去玩或在本应上课的时间做兼职等，这些都会影响他们在学校的学业，甚至导致他们中途退学。

有些专业的学生在小城市里更容易找到实习和锻炼的机会，尤其是一些工科专业，如冶金等，在大城市可能找不到几个冶金厂，但在小城市却有很多这样的机会，很多大城市的冶金专业人才反而会被派到小城市去实习、锻炼。

大城市与小城市对学历价值的判断也存在差异。在北京、上海等大城市，双非院校的硕士研究生可能并不被视为顶尖人才，但在小城市，他们却可能得到领导的重视。因此，从就业的角度来看，小地方往往能提供更好的机会。不仅如此，小城市的就业红利也在增多，以电商为例，无论在哪里，只要有一台电脑和网络，就可以开展电子商务活动。很多农村的电商博主带货能力甚至超过了深圳、北京的博主。可见，小城市并不意味着就业机会少。

因此，家长在这个问题上不必过分焦虑，孩子的未来发展和就业并不完全取决于他们所在的城市，更重要的是他们的专业选择、学校实力以及个人的努力程度。无论孩子选择在大城市还是小城市读书，只要他们认真学习、努力提升自己，都能够找到属于自己的发展机会和就业前景。

对本科生，家长要舍得放手

我始终认为，如果孩子有机会去外省读书，就应该尽量抓住这个机会，因为这能极大地拓宽孩子的视野。每个省份都有各自的特点和发展方向，比如东三省更偏向于矿产，而浙江和江苏则更注重高新技术产业的发展。只有走出自己的家乡，去外省，孩子才能真切地感受到不同地区之间的差异。他们还可以把外省的一些好的东西带回家乡，成为自己差异化的优势。

当年我报考大学时，有四个目标学校：成都理工大学、广东海洋大学、安徽师范大学和常州工学院。最后，我毅然选择了成都理工大学，就是因为它离家远。

当我本科毕业回到家乡，与高中同学再次见面时，我发现自己与一直在本省读书的同学已经没有了共同语言。他们一直在安徽长大，对中国的认知也在很大程度上局限于安徽。

然而，当我从成都回到安徽后，我深深地感受到了四川人与安徽人在生活态度和生活习惯上的不同。安徽人早上喜欢吃清淡的食物，四川人的一天则是从一碗满是红油的重庆小面开始的，而且吃完之后肠胃也没有负担，这种体验对我而言是十分新奇难忘的。

后来，我留在大学工作，有时会有一些四川教育界的同行来学校参观，领导就会让我去接待他们。因为我了解四川人的口味，偶尔还会说几句四川话，这些都让他们感到亲切。

低分段，
可以趁早规划这六个专业

"稳就业"的专业（一）：
无人机操控与维护

前景广阔

无人机已经成为我们不可或缺的工具，应用前景非常广阔。在农业领域，无人机已经广泛应用于农药喷洒，提高效率的同时，也节省了人力成本。在军事领域，无人机也发挥着越来越重要的作用。对于选择无人机专业的专科生来说，入伍参军能够最大限度发挥这个专业的优势。国家有政策：专科生去当兵，回到学校后可以免试专升本。这就意味着，只要孩子在当兵期间，没有违法违纪行为，两年后回校，就能成为本科生。

随着越来越多的专科生当兵，部队在选拔时，会更加注重孩子的专业性。例如，你的孩子是无人机专业的，而另一个孩子是幼师专业的，那么部队肯定会优先选择无人机专业的孩子，因为这是目前部队的紧缺兵种。

在部队中，无人机士官有着特定身份和地位。如果孩子在部队中表现出色，那么他们将有很大机会留在部队，继续发挥他们的专长。在实战中，无人机的广泛应用，能够最大限度减少人员伤亡。同时，无人机在高空进行勘察、探测和侦察，也远比人工更为清晰有效。

除了军事应用外，无人机还被应用于地质勘探。过去，人们需要穿着登山鞋、携带登山杖，组成小队在山上进行长时间的探索。现在，无人机可以在短时间内飞到高空，全面清晰地展示整个山脉的风貌，大大提高了勘探效率。

此外，无人机在其他领域的应用也非常广泛。比如，在下大雪的时候，道路被冰雪覆盖，车辆无法通行，这时就可以利用无人机来撒融雪剂。国家电网在勘探风力发电机时，如果让工人爬上去，可能需要花费个把小时的时间，而无人机在 30 秒内就能飞上去查看问题所在。

除了特定行业领域，无人机应用也越来越全民化，比如无人机表演、无人机送外卖、无人机摄影等。无人机在医疗配送方面也已开始崭露头角，安徽合肥已经启动了无人机配送药品的服务。当人们身体不适或遇到车祸等特殊情况时，无人机能够迅速响应，提供应急配送。在交通高峰期，开车到医院可能需要一两个小时，而对于合肥二环内的任何地方，无人机都能在大约十分钟内到达。

这些实例都充分展示了无人机在各行各业中的广泛应用和巨大潜力。

就业优势

目前从事无人机操控与维护相关行业的人员普遍学历不高，他们往往是在工作几年后，为了生计而自学或跟师傅学习无人机技术的。即使是技术研发人员，学科背景也往往是电子、航空和物理等专业。因此，我认为目前学习无人机专业的孩子，将成为中国第一批无人机正规军。他们不仅具备扎实的理论基础，还将在实操技术和应用场景方面拥有更大优势。

升学规划

在当前，无人机专业依然较为冷门，无论是中专、职高还是大专，该专业的分数要求都相对较低。对于沉迷于手机游戏的孩子来说，选择这个专业，正是把劣势转化为优势的好机会。

无人机专业的升学路径并不复杂，一般情况下，如果孩子的中考分数在300分以上，他们就可以选择学籍所在城市的中职院校。现在，中专和职高已经没有太大区别了，合肥等城市甚至取消了职高的称呼，改称为中职。原本职高和中专的主要区别在于，职高注重升学，而中专则更注重就业。现在，中专学生也可以去考大专和本科，从教育部门的角度来看，二者已经没有本质的区别。

在选择无人机专业时，应该优先考虑公办中职院校，一般来说，需要孩子考到350分以上。毕竟，无论从就业角度，还是专业学习的深度来看，公办学校都会比民办学校更值得考虑。许多民办学校为了节省办学成本，会倾向于开设低成本的专业，比如市场营销、工商管理等。无人机专业需要购买设备，损耗也在所难免，因此，民办学校可能无法满足学生的实践需求，导致全班学生只能围着一架机器练习。

孩子在中职阶段学了无人机专业后，可以继续往上读大专，甚至有机会直接读本科。无人机专业有三年的技能高考班，读本科也是学习无人机相关专业。未来这些孩子毕业后，很有希望成为无人机领域的教师或专家。

有一点要提醒各位家长，无论读的是专科还是本科，一定要让孩子坚持读完高等院校后，再选择就业，这主要有两方面原因：第一，现在中专、职高的孩子升学率几乎是100%，有这么好的政策支持，一定不要放弃读高等院校的机会。而且，公办学校的学费很低，一年只需2500～4500元。第二，从孩子的长远发展来看，是否上过大学有很大的区别。未来，连中专、职高、技校的孩子都能上大学，如果孩子最后只有一个高中学历，无论是就业还是婚姻，都可能会因为学历问题而面临一些困难。因此，要顺着政策走，先读个大学，至少在未来的户口本上，信息都会显示孩子是大学学历，千万不要为了尽早挣钱，让未来的自己后悔。

此外，无论是中专还是职高，无人机操控与维护都是一个常见的专业名称，而无人机技术应用专业可能就比较少见了，这个专业在大专里面可能会有设置。对于想要从事无人机行业的孩子来说，他们可以根据自己的兴趣和职业规划，选择适合自己的专业方向。

谁适合学

现在的无人机，大多是通过手机进行控制，画面通过互联网实时传送到手机上，这就像孩子们玩游戏一样。如果孩子对文化课不感兴趣，但玩手机游戏成瘾，那么学习无人机专业，或许能将他们的这种游戏控制能力转化为实际技能。

当然，玩游戏并不完全等同于掌握无人机技术，我们如何知道孩子在这一领域是否有发展潜力呢？家长可以购买价格低廉的非商用无人机让孩子试飞，这种无人机的操控感受与专业无人机相似，只是体积较小，飞行高度有限。在孩子操控无人机的过程中，家长可以观察孩子对空间的感知能力，看看他们是否能让机器顺畅飞行，这可以作为评估孩子天赋的一个方法。家长还可以提出更进一步的要求，比如让孩子操控无人机绕树飞行一圈，要确保无人机不碰到树叶。如果孩子能顺利完成这个任务，就意味着他们在无人机操控方面基本没问题。

这个专业不仅适合男孩子，女孩子也同样可以学。因为无人机专业并不看重体力、身高、身体素质，它只看重学习者对手机和无人机的操控熟练程度。

目前，无人机专业并没有明确限定文科或理科背景。但随着未来行业的规范化发展，理科背景的学生可能会更有优势，尤其是那些具备物理学科基础的学生。不过，我认为文理背景的学生都可以尝试这个专业，因为无人机专业未来会分为两个方向：一个是无人机操控与维护，另一个是无人机技术应用。其中，无人机技术应用肯定更偏向理工科，但操控与维护方向对文理背景并没有明确要求。

薪资待遇

以合肥为例，2023 年无人机专业的专科毕业生，年薪达到了 15 万 ~ 20 万元。这一薪酬待遇背后的原因主要有两点：一是目前从事无人机行业的人相对较少，人才缺口比较大；二是需要用到无人机的工作往往与高消费行业相关，如影视拍摄等。

对于没有人脉资源背景的孩子来说，学习无人机专业有一个好处，那就是创业成本低。据我了解，这个专业的大多数大学生在工作期间，能够不断积累客户资源、人脉以及实操经验，并最终创立自己的工作室。无人机的生产资料相对便宜，只需要购买机器，有些品牌还提供终身保险，每年只需交几百块钱，如果飞机在工作中坠落，品牌方会直接寄送新的产品。这样的创业项目，可以说是低成本、高回报。

可以预见的是，未来很多国企、央企以及行政部门，都会招募无人机相关专业的人才。对于希望掌握一技之长的孩子来说，无人机专业无疑是一个充满机遇和发展前景的选择。

"稳就业"的专业（二）：
食品工程技术

预制菜与专业前景

自 2023 年起，国家发展和改革委员会等政府机构纷纷出台文件，强调发展预制菜的重要性，预制菜逐渐引起社会各界的广泛关注，这一趋势也给职业教育带来了新的机遇。

首先，现在快节奏的生活使人们越来越渴望方便、快速的食品。其次，面对经营压力，许多快餐店都在寻求降低成本、提高效率的解决方案。最后，通过统一协调的加工方式，还能够更有效地利用食材资源。

预制菜行业仍处于起步阶段，安全性、营养性、储存条件以及使用透明度等问题都有待规范。为了推动行业的健康、可持续发展，建立专业的人才梯队至关重要。

当前，大学中的食品相关专业主要集中在食品加工技术和食品工程技术两个方面。这些专业的培养方向，主要包括食品加工、研发、质量控制等方面，无论男女都适合学习。

随着预制菜行业的兴起，现有的专业课程设置和教学内容必然会有所调整和优化。未来的食品专业人才，需要具备创新思维和实践能力，能够运用所学知识解决预制菜行业中的实际问题。比如，如何通过技术手段延长食品的储存时间、降低有害物质含量、保持营养均衡等，都是未来要面对的重要课题。

全国各地已经开始建设预制菜生产集群，越来越多的国企和央企参与其中，这为食品专业人才提供了广阔的就业和发展空间。因此，对于有志从事食品行业的年轻人来说，选择食品加工技术或食品工程技术等相关专业，将是一个不错的选择。

谁适合学

食品行业当前正处于风口阶段，并将持续得到人们的关注，这是时代发展的必然趋势。那么，什么样的孩子适合学习食品专业呢？我认为，那些对文化课兴趣不大，但热爱生活、对吃特别讲究的孩子，可能会在这个行业中找到属于自己的舞台。此外，性格偏内向、比较安静的孩子也很适合从事食品行业，他们通常更有耐心和专注力，能够沉下心来钻研技术。品行端正、为人正直也是从事食品行业不可缺少的品质，因为食品关乎消费者的健康问题，需要一批有良心的从业者来确保行业的健康发展和消费者的权益。

中考如何填志愿

在中考填报志愿时，如果倾向于选择中职批次，可以在志愿表的最下方一栏，填上孩子所在地区开设食品加工技术专业的学校名称，并准确填写对应的专业编号。我个人更倾向于选择公办学校，毕竟国家对民办学校的监管力度相对较弱，存在不确定性。具体的填报志愿流程因城市而异，每个城市都有各自的专业编号系统。通常情况下，在孩子初三时，学校会统一发放这些专业编号给考生家长，以确保填报的准确性。

如果孩子没能考上高中，那么优先选择学籍所在地的公办中专或职高是一个明智的选择。需要注意的是，并不是全国所有城市都设有食品加工技术和食品工程技术专业，这主要取决于当地的食品产业是否发达。例如，广西的螺蛳粉早已畅销全国，当地也因此形成了一个与螺蛳粉相关的工业园区和产业带，这样的地区就适合报考食品专业。此外，像河南、四川、湖南、湖北等食品生产大省，以及江苏这样的小龙虾预制菜产地，也是学习食品专业的理想地区。

"3+2"还是"3+3"

对于完成中职学习后如何升学，学生可以选择"3+3"或"3+2"的升学路径，这两种路径都是三年中职后对接大专。不同的是，"3+3"在读完三年中职后读的是三年制大专，"3+2"则是五年一贯制，也就是三年中职加两年大专。毕业后，学生都能获得全日制统招大专文凭。两种路径对中考分数的要求有所不同，一般来说，"3+3"要求中考分数在440分以上，"3+2"需要中考分数在300分以上。

完成中职阶段的学习后，在升学时需要留意大专院校的专业设置，因为食品加工技术与食品工程技术这两个专业，可能分布在不同的学院，比如城建学院或电力工程学院等。

"3+3"虽然分数要求高、学习时间长，但优势在于它更接近通过普通高考考入大专院校，毕业证与高中生考进大专的毕业证没有区别，这在就业市场上更具竞争力，而"3+2"在毕业证上会注明大专前的学习背景。不过，家长也不必对此有顾虑，无论是"3+2"还是"3+3"，学生都有机会通过专升本考试提升学历，进而考公、考编和考研。

在选择专科院校时，需要注意二者的差异，很多"3+3"院校都是国家部级单位直属的公办大专院校，而"3+2"五年一贯制则可能包括民办大专和普通公办大专。因此，从某种程度上来说，"3+3"学校的含金量会更高一些。

我建议文科学生选择食品加工技术专业，理科学生更适合学习食品工程技术专业，后者更偏重于实验与研发，需要一定的化学与生物基础。

　　总之，对于中考分数在 300 分以上的学生，应优先考虑公办中职院校的"3+3""3+2"模式，并且食品加工技术专业和食品工程技术专业是不错的选择。同时，建议在学习期间，努力考取营养师证书，这将为未来的职业生涯增添不少助力。

"稳就业"的专业（三）：
智慧养老服务

养老专业概况

当前，中国已逐渐迈入老龄化社会，养老问题成为社会关注的焦点之一。随着养老服务需求的日益增长，养老专业的发展空间不可估量。

养老专业主要分为老年服务与管理和智慧养老两个方向。这两个专业不仅适合中职学生报考，而且在一些二三线城市，即使是大专毕业的养老专业学生，也有机会考入民政局等机关单位。此外，养老专业毕业生除了可以入职养老产业公司外，还有机会进入国家公立性质的养老机构。这些机构为老年人提供全方位的服务，包括生活照料、健康管理、精神慰藉等，是养老专业毕业生的理想选择。不过，养老专业有其特殊性，家长要充分考虑孩子的兴趣和职业规划。养老专业需要学生具备对老年产业的热爱，在决定学习这个专业之前，应确保孩子能够接受并从事老年产业。

老年服务与管理专业，就业方向偏重于传统服务业，如养老机构、敬老院等。学生毕业后，将肩负起优化养老机构服务效率的重任。这不仅是他们未来的职业使命，更是对社会的一份责任。

智慧养老则是依托互联网信息平台，为老年人提供更加实时、便捷、高效且低成本的养老服务。它偏向于物联网化的养老服务方式，如通过便捷式设备、专用电话等设备，让老年人享受到居家服务。智慧养老的宗旨，同样是提升老年人的生活质量，让他们的晚年生活更加幸福、安康。

这两个专业都蕴含着巨大的社会价值。如果老人的子女不在身边，那么智慧养老服务就能给这些家庭提供极大的便利。如通过给老年人戴手环实时监测老年人的行踪，防止走失，同时监测老年人的健康状况等。

尽管近几年来养老行业从业人员的数量有所增长，但增长速度远远跟不上老年人数的增长速度。由于 1963 年婴儿潮的影响，截至 2023 年末，全国 60 周岁及以上老年人口近 3 亿；全国 65 周岁及以上老年人口多达 2 亿；城镇职工离退休人员近 1.5 亿，相比 2022 年末新增 552 万人。而近三年每年的出生人口只有不到 1000 万，这种出生率完全无法抵消老龄化速度。正因如此，养老行业的人才缺口才会越来越大。

老年大学的精神赋能

老年大学作为新式养老方案的组成部分，正逐渐成为丰富老年人退休生活的重要途径。与之前提到的对老年人实施照顾与监护不同，老年大学更侧重精神层面的疏导和关怀。

在老年大学里，老年人可以学习诗词、乐器、声乐、舞蹈、绘画等。这些活动在丰富老年人退休生活的同时，还为他们提供了展示自我、交流互动的平台。随着广场舞的普及，一些出于身体原因，无法参与高强度活动的老年人，也能够通过这样轻松、有趣的文化活动来充实自己的生活。

对于有意向从事老年教育相关行业的孩子，父母需要判断孩子是否具备足够的耐心。因为老年人无论是身体上还是心理上，都可能存在各种问题，需要更多的关爱和耐心。

此外，很多家长误以为智慧养老从业者就是护工，其实二者存在根本区别。护工主要负责老年人的日常护理，智慧养老则是一个系统化的解决方案，旨在通过智慧服务、精神趣味等方式，多方面提升老年人的晚年生活质量。

在这里，我想提醒未来可能从事这一行业的孩子，要认真学习专业知识，不要在学校混日子。养老行业不是简单的护理工作，需要具备一定的专业知识。如果学得不好，未来可能只能从事护工等低技术含量的工作。但是，如果能够踏实学习，拥有过硬的专业技术能力，就有可能在养老行业中发挥更大的作用。

学业规划与职业道路

一般情况下，中考成绩在 440 分以上的孩子可以选择"3+3"模式，300 分以上的孩子可以选择"3+2"模式，这些途径最终都能让孩子成为大学生。值得一提的是，老年服务与管理专业在很多公办大专院校中，由于名字不够洋气，每年招生都相对困难，这反而为低分段的孩子提供了一个弯道超车的机会。

以安徽体育运动职业技术学院为例，这所公办大专院校开设了智慧养老专业，当年计划招生 120 人，但实际报名者却寥寥无几。如果孩子高考分数接近或略低于公办大专分数线，可以尝试报考这一专业。

在大专阶段，孩子可以通过专套本，在毕业时同时获得全日制统招大专学历和自考本科学历，这对未来的职业竞争很有帮助。家长要与辅导员沟通并制定专套本规划，无论是哪所本科学校，拥有本科学历都能让孩子在养老行业中脱颖而出。毕竟，如果想要应聘公立养老机构或国家单位，学历是一个重要的考量因素。如果孩子在大专期间表现良好，并拥有一个本科学历，那么他们更有可能成为机构的重点培养对象。

一般来说，养老专业并不需要专升本，因为很少有单位会要求全日制统招本科学历。在招聘时，单位通常会写明本科及以上学历，这个本科是包含自考本科的。因此，孩子们在大专期间，就可以开始考虑自考本科，为未来的职业发展打下坚实基础。

如果孩子擅长物联网方向，可以考个专升本甚至研究生，因为物联网研究在养老应用方面是一个非常有前景的领域。

薪资待遇

关于养老行业的薪资待遇，不同区域之间存在较大差距。在上海等一线城市，从事非公益性质的养老工作，月薪起步通常在七八千元。如果从事公益性质的养老工作，虽然月薪可能相对较低，在五六千元，但各方面的福利及稳定性都是不错的。

公益性质的养老工作，未来的职业发展路径可以参照国企或央企的模式。初入职场时，一般从办事员开始，随着经验的积累和能力的提升，逐渐晋升为负责人或项目主管。此后，如果表现出色，就有机会晋升为中层领导，通过统筹和复盘工作流程，确保单位或部门的正常运转。

总之，随着国家对养老行业的日益重视，养老行业职业发展前景广阔。对于有意向从事养老行业的孩子来说，只要踏实学习、不断提升自己的能力和素质，相信未来一定能在养老行业中找到自己的立足之地。

跟上时代的"风口"专业（一）：旅游服务管理专业

今非昔比的旅游产业

提到旅游专业，许多家长对其的固有印象，或许还停留在传统导游的角色上。殊不知，如今的旅游正经历着前所未有的变革，它不再是简单的走马观花，而是融合了文化探索、个性化体验与信息流量驱动的新模式。

在国家发展战略的蓝图中，文旅产业已赫然成为核心支柱之一。各地文旅局竞相发力，局长们更是身先士卒，有的甚至以古装形象亮相，通过抖音等短视频平台，生动地展现地方文化魅力，这种前所未有的推广力度，标志着文旅产业正步入一个高速发展的黄金时代。君不见，从哈尔滨的冰雪盛宴到淄博烧烤的网红效应，再到各地特色美食与文化的轮番登场，旅游市场的风向标愈发灵活多变，背后是大数据与社交媒体的无形推动。

回顾过去，我国文旅产业的人才结构相对单一，旅游专业与导游职业常常被直接画等号。然而，随着时代的进步，旅游产业已演化为一个复杂而多元的生态系统，涵盖了旅游设计、规划、推广、新媒体运营、管理等多个岗位。这预示着，未来的旅游人才，需要具备更强的信息素养、创意策划能力以及对市场趋势的敏锐洞察。这一变化也要求我们在教育观念上实现根本性转变，让孩子认识到：旅游专业需要培养产业化的思维与技能。

新一代消费主体带来的市场机遇

社会的消费主体正逐步向"00后"乃至"10后"转移，他们的思维模式、价值观念以及消费习惯与"80后""90后"有着显著的差异。这种差异不仅体现在物质追求上，更体现在他们对生活意义的探索和对人生体验的追求上。

"00后"和"10后"们，成长于一个信息爆炸、物质相对充裕的时代，他们的视野更加开阔，对于生活品质和个人感受的重视程度远超前辈。他们不再满足于基本的生活需求，而是更追求精神的富足和个性表达。在他们看来，赚钱不再仅仅是为了传统的物质积累和血脉传承，比如购车购房、结婚生子、赡养老人，更是为了取悦自己，追求内心的满足和快乐。这种价值观的转变，直接反映在他们的消费习惯上，尤其是对待旅游的态度上。

对于能够带来即时快乐和丰富人生体验的事情，比如自驾游、露营、背包旅行等，年轻的一代非常舍得花钱。他们乐于尝试新鲜事物，享受说走就走的自由与不羁。我曾经和学生一起出游，哪怕是一碗90元的炒饭，在他们看来，如果能给他们带来独特体验，这样的消费就是值得的。他们愿意为了一次难忘的旅行经历而慷慨解囊，这种消费行为推动了旅游产品的多元化和创新，也促进了旅游市场的细分和专业化。

无论是周末的短途自驾游，还是跨省的深度游，这一代年轻人都展现出了极高的旅游热情和消费能力。他们善于利用现代交通工具的便捷性，合理规划时间，享受旅行带来的乐趣。同时，他们也更加注重旅行的舒适度和便捷性，愿意为高品质的服务和体验买单。因此，我们有理由相信，随着"00后"和"10后"逐渐成为社会中坚力量，旅游产业将迎来更加广阔的发展前景。

升学规划

在中专、职高和技校中，一般都开设有旅游服务管理专业，只是不同学校的录取分数线不一样。

如果学生希望未来能继续深造，我建议优先考虑"3+3"模式的三年制升学班，这条路径可以为本科升学奠定基础，而且该专业在升学考试中，本就有较高的录取率，无论是直接考取本科还是专升本，都相对容易。相比于"3+2"模式，"3+3"模式的三年制升学班在灵活性和升学潜力上更胜一筹。"3+2"模式，请家长们谨慎选择，以免限制孩子将来的发展空间。

对于高考生而言，一般来说，即便分数没能达到本科线，但只要总分在 200 分以上，依然可以选择旅游服务管理专业。分数稍低的学生可以着眼于销售、推广等实践性强的岗位，通过实践积累经验；分数较高的学生，则有机会挑战设计、规划、行政等更高级别的岗位，实现职业的多元化发展。

更令人振奋的是，随着旅游行业的不断发展，学生完全可以在工作中探索更多的可能性。比如，在景区工作时，利用业余时间开展直播带货，推销景区特色商品，实现主业与副业的双重收益。这样的工作模式不仅丰富了收入来源，更让工作与生活融为一体，赋予了职业生涯更多价值。

此外，我国"一带一路"倡议的实施也为旅游服务管理专业带来了前所未有的发展机遇。未来，中国将与更多友好国家共同打造旅游线路，吸引外国游客前来观光旅游。这不仅要求学生具备扎实的专业技能，更需要学生具有良好的外语沟通能力。因此，学生在学习旅游服务管理的同时，务必加强外语学习，提升综合竞争力。

在填报志愿时，家长和学生应充分利用好志愿表的每一栏。对于中考生而言，可以把旅游服务管理专业作为中职批的首选，准确填写学校名称和专业编号。对于高考生来说，面对复杂的新高考志愿系统，家长要和孩子一起，仔细研究各院校的招生信息，根据自身分数段合理选择并填写志愿。在这个过程中，可以在系统中搜索关键词"旅游"，从而更好地提升匹配度。

家长如何助力

家长首先要做的，就是广泛搜集院校信息，根据孩子所处的分数段，匹配适合的学校。由于院校和专业排名每年都有变动，所以家长要通过多种渠道，比如官方网站、教育咨询机构以及校友资源等，获取最新、最准确的信息。

其次，家长要重视培养孩子的外语能力，特别是口语对话能力，这不仅能让孩子有机会获得国际导游证，开拓更广阔的职业领域，更能直接提升孩子的收入水平。

此外，家长还应鼓励孩子考取教师资格证和普通话等级证书，并争取能够专升本。其实，对于旅游专业的学生而言，专升本的成功率很高。本科毕业后，孩子就能拥有更多选择。即便未来不从事旅游相关的工作，也能凭借教师资格证和普通话等级证书，进入中专、职高或技校担任旅游专业教师，享受正规编制及优厚的福利待遇，为职业生涯增添一份稳定与保障。

跟上时代的"风口"专业（二）：
宠物医学专业

社会背景

我有很多学生都热衷养宠物，尤其"00后"与"10后"的学生，他们中有相当一部分人更倾向于独居生活，追求无拘无束的个人世界。

不过，孤独与自由总是如影随形，养宠物就成了他们寄托情感、寻求陪伴的重要方式。我的那些学生对宠物可以说是呵护备至，无论是日常照料还是疾病治疗，都愿意投入大量时间与金钱。他们对宠物的疼爱，甚至已经超越了对自己的关注，这也成为这一代年轻人独特生活态度的一个缩影。

职业优势

宠物医学行业中，宠物医生是最为大家熟知的职业。宠物医生普遍比较受人尊重。试想一下，当宠物主人带着焦虑与期盼，把心爱的宠物托付于你——"医生，请你救救我家的小狗"，而你也用自己的专业技术，让宠物恢复了活力，在这个过程中，你能感受到前所未有的职业价值和成就感。

宠物医学行业还为孩子们提供了广阔的创业空间，当下，已经有创业者涉足宠物殡葬这一新兴领域。宠物殡葬服务为宠物主人提供寄托哀思的场所，通过一系列仪式化的活动，加深了人与宠物之间的情感联系。

宠物已经成为许多家庭不可或缺的一员，主人们愿意为宠物投入大量金钱，这一行业蕴藏着巨大的消费潜力。从宠物美容服务到复杂的疾病治疗，每一项服务都能给从业者带来不菲的收益。因此，掌握宠物临床医学技能的孩子们，完全有能力通过自己的努力，实现经济上的独立自足。

对于有志于从事宠物临床医学的孩子来说，积累临床经验和客户资源至关重要。因此，建议他们在毕业后先选择一家宠物医院实习或工作，通过实践来提升自己的专业技能和服务水平。同时，他们也可以在这个过程中学习如何管理企业、如何拓展市场，以及如何与客户建立良好的关系。

最后，我建议孩子把宠物医师证也考出来，这个证书的考试难度相对较低，却是从业者的必备证书，须认真对待。

升学路径

首先，如果孩子就读的中职院校没有开设宠物医学专业，也不必灰心，可以选择三年制升学班作为起点，这是一个灵活且高效的策略。在中职的前两年，先选择一个专业学习，在关键的第三年，要好好把握高职单招的机会，通过高职单招考试进入大专，然后重新填报志愿。

另一条路径是以卫校为基础，特别是对于中考成绩在 400～480 分的孩子，可以考虑选择公立卫校的护理专业。这个专业所学的医学基础和技能，包括注射、心肺复苏等，在宠物医学中具有很高的应用价值。在护理专业学习期间，孩子可以通过大学升学考试，再次选择专业方向，比如继续深造护理或相关医学领域，如中医、康复等，或者直接转向宠物医学。这一路径的优势在于，它让学生在获得医学基础的同时，拥有了更广阔的专业选择空间。

值得注意的是，高考也是一条通往宠物医学专业的重要途径，一般来说，只要孩子能够达到专科录取分数线（通常为 180～200 分），就有机会在公立或民办专科院校学习。在选择学校时，家长们不必过于在意学校的排名，因为专业本身的市场需求才是关键。宠物医学专业直接面向市场，实用性强，有着广阔的就业前景和可观的收入预期。

宠物医学专业在不同的学校，可能会被称为宠物医学技术或宠物临床医学，这实际上只是名称的差异，核心内容和培养目标是一致的。

最后，需要强调的是，宠物医学专业是一个以市场需求为导向的实用型专业，它不存在于传统的国企、央企体系中，专业也很少涉猎考公、考编或考研。正是这种纯面向市场的特性，使得宠物医学专业的学生在就业市场上具有极高的竞争力。

跟上时代的"风口"专业（三）：
整形医美专业

    每年寒暑假后，总有一些男生女生返校时的面貌给人"焕然一新"的感觉。现在的医美项目五花八门，但行业热闹的背后，也隐藏着巨大的风险，许多非专业、无资质的人员混迹于医美市场，安全性根本没有保障。

    对于有志于从事整形医美行业的孩子来说，有两个层次的教育和职业路径。低分段学生在大专阶段所学习的整形医美，更多聚焦于保养与维护层面，不直接涉及手术刀，但同样利润丰厚。由于医美行业往往带有一定的销售性质，学生可以从基础岗位开始积累经验，逐步明确自己的职业发展方向。是继续深耕销售与管理，还是通过进修提升实操技能，这要根据个人兴趣与职业规划做出选择。

    高分段学生则需要完成本科临床医学的学习，再进一步深造至研究生阶段，才能选择整形医美作为专业方向。对于这些学生而言，未来的目标是成为正规医院的整形医生或主治医师，无论是公立医院还是民营医院，薪资水平都颇为可观，尤其是民营医院，对医生的专业技能与口碑有着更高的期待。这个方向尤其适合理科生，一般来说，高考分数需达到 580 ～ 600 分。

低分段学生的升学规划

中专、职高或技校一般不开设整形医美专业，即使有类似专业，其实际教学内容也可能偏向销售或美容服务，而不是专业的医美技术。因此，建议学生在中职阶段选择基础医学或护理相关专业，为自己打下坚实的医学基础。

与宠物医学专业一样，到了中职第三年，学生可以通过高职单招考试进入公办大专院校，然后选择整形医美专业。不过，这样的路径专升本难度较大，可以把专套本（自考本科）作为备选方案。这样一来，即使专升本没能如愿，也能确保拥有本科学历，为未来的职业发展增添竞争力。

对于分数特别低的学生，另一种可行路径是先学习护理专业，在大专阶段再通过转专业或选修课程等方式，逐步向医美专业靠拢。需要注意的是，医学美容技术专业可能更侧重于美容服务与管理，而不是医美手术操作。

无论男生还是女生，都有学习医美的潜力。建议理科生优先选择，特别是具备物理和生物基础的学生。

**想进入理想行业，
必须细致规划，稳扎稳打**

飞行员报考流程：
手把手带你实现航空梦

随着军事科技的迅猛发展，特别是三代机跃升至五代机后，飞行器智能化水平也在快速提升，这就对选拔和培养飞行员提出了更高的要求。

一些教育机构正是利用人们对空军飞行员的憧憬，以招飞为幌子，进行不实宣传，诱使家长支付高昂的学费。家长忙活一通的结果，是竹篮打水一场空。

由于民航政策变动普遍较大，所以本篇主要是基于中国人民解放军空军统一招飞的情况，简述一下飞行员的报考流程。

初中招飞流程

招飞主要分为两个阶段：一是针对初中生的选拔，通常在初三进行；二是针对高中生的，安排在高三。

初中招飞的目标不是让孩子直接进入空军，而是进入各省设立的青少年航空学校。这些学校是为空军输送后备人才的特殊高中。

初三学生的招飞流程，可以细分为三个步骤：初选、定选和中考。初选以传统医学检查为主，包括视力、耳鼻喉以及四肢协调等基础项目。需要特别强调的是视力检查，许多家长认为，孩子能看清 E 字视力表上最下面一行的字母 E，就说明孩子视力良好。殊不知，空军招飞的视力要求极其严格，使用的是特制的 C 字表，表上字母 C 的缺口极小，注重考查被测试者的视力敏感度。普通人看 C 字，可能就是一个小圆圈，视力好的人也会难以分辨。因此，家长在给孩子报考前，最好在家里提前训练识别 C 字表，这种表在网上就能下载。与 E 字表相比，C 字表共有八个方向，而不是传统的四个。

初选后就进入定选阶段，主要有两方面的考核，一个是医学检查，包括抽血、拍片以及骨骼检测等。有些孩子因为胳膊太长，出现肘部外伸情况，就不适合驾驶飞机。这样的要求看似苛刻，其实是为了确保飞行员的身体条件能够满足驾驶飞机的需求，保障飞行安全。另外一个是心理素质考核，会由心理学专家对孩子当面进行评估。他们会通过一系列问题，来考验孩子的判断能力、政治思想和人性观念。比如，专家会提问："现在有 50 个人，只有一块蛋糕，你会如何分配这块蛋糕，让这 50 个人都感到满意和开心？"问题没有标准答案，主要是考查孩子的心理素质和应对能力。

通过定选后，接下来就是看中考成绩了。一般来说，学生的中考成绩必须进入本地考生的前 15%。

当学生通过这三步选拔后，就能进入青少年航空学校。正规招飞是不需要支付任何学费的，国家还会提供两笔补助，分别是伙食补助和津贴，直接打到父母账户中。因此，社会上任何以招飞名义收取学费的行为，都是不正规的，需要引起警惕。此外，孩子在整个选拔过程中的所有体检费用、路费等，也都是由国家全额报销的。

航空学校教什么

很多人都好奇，孩子在青少年航空学校里会学些什么，与普通高中有什么不同。首先，学校实行准军事化管理，它既保留了军事化的严谨，又不失人性化的关怀。学生的纪律性很强，着装、熄灯时间、一日三餐都是统一安排的。最重要的是，初中招飞进入青少年航空学校的学生，学习的内容与高中生一样，也需要完成高中所有学习任务。

除了学习高中知识，学生还需要掌握如下三个板块的内容：军事体育、航空知识和模拟飞行操作。军事体育的难度颇高，例如要求学生弯腰用右手抓住左耳，左臂伸直穿过右臂与身体之间的空隙，以这样的姿势原地转圈400个，再完成教官的指令，这对学生的身体素质和意志力都是极大的考验。航空知识以笔试为主，模拟飞行操作则要求学生进行实操训练，学会规避空中遇到的危险。相对于一般的高中生来说，他们的学习之路充满了挑战。

要想顺利进入航空大学，要求学生高考分数达到一本线以上，并且排名靠前。这是初中生通过青少年航空学校升学的主要途径，这一过程中的淘汰机制十分严格。如果学生在飞行学校学习期间视力下降严重，就会面临被淘汰的风险。

不过，即使被淘汰，国家也会为学生安排其他出路。比如，他们可以去空军部队参军，只是不能担任飞行员；他们还可以回到原籍重点高中继续学习。因此，家长和学生都不必有太多顾虑。

高中招飞流程

初中招飞是由空军派代表前往初中宣讲，现场发放报名表，有时班主任也会鼓励视力好的学生去尝试。高中招飞的报名渠道则更多元，除了现场报名外，学生还可以通过空军的专门网站，填写个人信息进行报名。

高三招飞过程分为初选、复选和定选三个阶段，初选一般在每年9～12月进行，通常不会拖到次年。孩子填了空军的报名表后，空军会打电话通知初选。通常需要孩子独自前往空军指定的城市，在军事机密单位——招飞所住上几天，接受一系列的检查和测试。

初选的内容与初中相似，也是检查眼科、外科和耳鼻喉科等项目。视力会进行多次检测，如果孩子的视力在检测后有所下降，会直接被淘汰。视力要求分为普通飞行员和歼击机飞行员两种，普通飞行员双眼裸视视力不能低于0.8，歼击机飞行员则不能低于1.0，眼睛若是做过手术，也是不符合要求的。检测同样使用 C 字表。

此外，对于高三的孩子，招飞还有明确的身高和体重要求。身高限定在 1.65～1.85 米，体重要达到标准体重的 75%～100%。

值得一提的是，现在空军在招飞过程中更人性化，如果孩子在检测中体重不合格，空军会在一个月后给予一次复试机会。在这段时间里，孩子可以通过增重或减重来达到要求，并有机会再次接受检测进行补救。

复选阶段复杂而严格，仅医学检查就涵盖了100多个项目，甄别机制被称为"单一不合格淘汰制"，即只要有一项不合格，就会直接被淘汰。体检项目包括心血管检查、脑电波检测、十指灵敏性测试，甚至还包括身上的汗毛情况、男性的性特征等多个方面，可以说非常全面且细致。这样的体检过程必然会让孩子感到害怕和紧张，因此提前做好心理准备是非常重要的。

除了医学检查外，复选阶段对孩子的军事运动素质要求也更高了，侧重于考查孩子的天赋和实力。

其中，有一项测试十分夸张，要求孩子坐在一个专门的座椅上，头被两块铁板夹着，在90秒内座椅会高速自转，在旋转的过程中，铁板还会时不时把孩子的头往上下左右方向转动。这样的测试对孩子的身体素质和心理素质都是极大的考验，如果90秒测试结束后，孩子忍不住呕吐，也会被直接淘汰。

在高三招飞过程中，有一个细节是许多家长不知道的。那就是，如果孩子在体检过程中，某一项指标不合格，但此前在医学检查时是合格的，这时是可以提出异议并申请复议的，相关部门会重新进行更详细的专项诊断。

我曾经有一个学生就遇到过这样的情况，当时他到了招飞局后，被告知左胳膊大臂肘部外伸。他之前去医院检查过，胳膊比例是符合要求的，于是他申请了复议。

空军安排了一位军事专家对他进行了拍片检查，并由四位专家共同研究，最终发现，虽然他的胳膊确实存在外伸的情况，但小于15度，在空军允许的范围之内。这次复议给了他第二次机会，最终他成功进入了北京航空航天大学。

各方面要求都合格之后，学生便进入了定选阶段。定选包括医学检查和高考。实际上，医学检查贯穿整个选拔过程，每一次选拔都需要进行抽血、视力测试、眩晕测试等项目。

除了医学检查外，高考成绩也是决定孩子能否被录取的关键因素，孩子的分数必须高于一本线，并且还要择优录取。另外，学生所有的军事训练情况也会有一个综合分，这个分数加上高考成绩，就是最终的录取依据。

高三招飞的淘汰率高达95%以上，2023年，安徽某地区通过复选的学生有3000多人，但高考结束后，最终被录取的只有6人。

圆梦飞行员的大学

北京航空航天大学、北京大学和清华大学在招飞方面十分独特，能够提供双证教育，就是说，孩子不仅能获得国家空军直属航空院校颁发的学位证和毕业证，还能获得所考进大学的本科毕业证和学位证，其他大学通常只提供单证。

除了这三所大学外，还有许多大学也进行招飞，如南京航空航天大学、中国民航大学、山东航空学院、沈阳航空航天大学、上海工程技术大学、南昌航空大学、黑龙江八一农垦大学、安阳工学院、烟台南山学院、常州工学院、南昌理工学院、山东交通学院、郑州航空工业管理学院，以及北京理工大学的珠海学院等。

这些大学培养的飞行员在毕业后，主要会有两个发展方向：一是成为空军飞行员，二是成为海军的舰载机飞行员。无论是哪个方向，都需要飞行员具备扎实的飞行技能和过硬的心理素质，以应对各种复杂的飞行任务和挑战。

身体素质不合格，如何实现航空梦

有一些家长心存疑问：孩子一直渴望成为一名飞行员，学习成绩也十分优秀，可偏偏身体素质不合格，是否还有机会实现航空梦呢？答案是肯定的。身体素质不合格，意味着孩子无法亲自驾驶飞机，但飞机运行并不仅仅由飞行员掌控，地面配合人员同样很重要。如果孩子成绩优秀，即使视力或其他某项指标不合格，也可以考虑地勤工作。

孩子可以选择报考有航空航天专业的大学，完成学业后，虽然不能成为飞行员，但同样可以实现自己的航空梦。除了航空兵，还有安防兵、指挥军官、飞行军官、参谋军官等多种角色，他们都在为国家的国防建设贡献自己的力量。

更重要的是，航空航天专业还培养孩子的科研能力，使他们有机会成为航空航天工程技术的军官，主要从事研发工作。这是一条非常高级别的发展道路，对孩子的未来相当有利。因此，即使身体素质不合格，孩子仍然有机会以其他方式实现航空梦，为空军发展贡献自己的力量。

招飞分数不达标怎么办

如果孩子是因为文化课分数低而被招飞淘汰，家长们不必灰心。如果孩子还是想保家卫国，可以强身健体，保护视力，在未来通过征兵的方式进入空军部队，从义务兵做起，这同样是一条实现梦想的途径。不过，家长和孩子还是要理性对待，以免因为抱有不切实际的幻想，被别有用心的人乘虚而入。

另外，孩子也可以在高考之后，通过定向士官招生的方式，进入士官学校。士官学校当年的招生简章一般是在高考前后公布，有志于报考定向士官的学生，可在这一时间段随时关注所在省的教育考试院官网发布的相关消息。一般来说，定向士官招生的文化课分数要求不会太高，但是要求身体素质好、视力好。因此，对于有志于此的孩子，家长要鼓励他们加强锻炼，提高身体素质，特别是注意保护视力，可以训练孩子站在 5 米外看 C 字表，这样在体检时，孩子就能更好地发挥。

此外，政审环节也是相当严格的，要求家庭成员没有犯罪记录。因此，家长要做到遵纪守法，为孩子树立良好的榜样，确保孩子在政审上没有问题。

要成为飞行员，天赋是关键

飞行员这一职业确实非常看重天赋，家长盲目花钱给孩子补课意义并不大。为什么这么说呢？因为现代空军与过去相比，在生理极限和技能要求上都有了巨大的提升。

如今的飞机能达到极高的飞行速度，飞行员在这种高速飞行中，不仅要清晰判断敌方目标，还要准确看清自己的落地目标，这是极具挑战性的任务。但更重要的是，现代空军要求飞行员具备极强的瞬间运算能力，在驾驶飞机的过程中，飞行员的大脑需要高速运转，当发现敌方飞机导弹锁定自己时，要做到迅速防御。地面配合部队会提供敌方飞机的高度、角度、距离以及导弹射速等信息，飞行员需要立即计算出导弹击中自己的时间，可能是一点几秒到二点几秒。然后，在这极短的时间内，迅速发射干扰弹来击落导弹。这种能力可不是靠补课就能培养出来的，这需要飞行员具备速算的天赋。

高三阶段的招飞过程相当漫长，9月第一批报名后，从初试、复试到最终的定选，会持续到来年的4月。这段时间里，孩子的身心会承受很大压力，如果家长再给孩子补课，自然会加重他们的心理负担。不堪重负之下，孩子即使前两轮都通过了，到最后定选时，却因为大脑运算力不足被淘汰，之前所付出的精力就白白浪费了。

国家电网校招指南：
如何拥有"金饭碗"

国家电网，全球 500 强企业，为员工提供优厚的薪资待遇、完善的福利体系，如五险一金、带薪休假等，是无数家长眼中的"金饭碗"。那么，能进入国家电网的人，是不是一定得具备高学历，还要有人脉资源等软实力呢？这种说法没错，但也不全对。

国家电网的专业需求

接下来，我要透露一个"秘密"：有一类专业，即使你只有大专学历，即使你家中没有人脉资源，也能让你敲开国家电网的大门，那就是电气工程专业。这类专业的毕业生，在国家电网中可以担任输电运维工程师，负责输电线路和变电站的巡视、检修与运维，还可以成为电气设备调试工程师，从事电力设备的安装、调试和故障排除工作。

此外，新能源工程师、电网调控运行、输电运检、变电运检、城区配电、电力营销、乡镇及农村配电营业、送变电施工等岗位，也会招聘电气工程专业的毕业生。

此外，无人机专业的专科生同样有机会。随着无人机在高空线路检查中的广泛应用，2024 年，国家电网增设了无人机操作岗位。

不同地区的招聘要求有所不同。比如，河南地区电网调控运行等岗位，专科及以上学历就可以应聘；而在四川，地市供电公司业务机构会要求应聘者至少具有本科学历，县供电公司则放宽至专科及以上学历，而且在招聘时，会注明仅限电工类专业，包括电气工程、电力系统及其自动化、继电保护、电气与电子等具体专业。

需要具备的技能

当您的孩子踏入国家电网的大门后，无论是成为输电运维工程师还是电气设备调试工程师，都将开启一段充满挑战与机遇的职业生涯。

作为输电运维工程师，孩子将肩负起输电线路与变电站的新建、改造及运维重任。这包括确保供电公司营销部或运检部的电力专业系统稳定运行，如主站、营销、采集以及 PMS、GIS 的运维工作。他们需要深入了解国家电网的电力设施与系统，独立解决技术难题，从事智能表、终端采集器的维护、设备调试，并为客户提供软件培训和技术支持。此外，还需负责电力工程输电专业设计的质量控制，协助设计团队提升专业水平。

电气设备调试工程师需要掌握更多技能，比如熟悉电力系统原理与运行方式，具备电气工程的专业知识，能熟练安装、接线与调试电气设备，精通电路分析、故障诊断与维护保养。同时，还要熟练使用数字万用表、示波器等电力测试仪器，具备快速准确排除故障的能力。技术文档的阅读与编写也是必备技能，因为这是理解和撰写相关技术文件的基础。更重要的是，他们需时刻保持强烈的安全意识，严格遵守操作规范，确保工作安全。

无论是哪种学历，只要在国家电网从事电气设备安装、维修等工作，都必须持有电工职业资格证，需要通过相关安全培训和考核。

电工职业资格证分为五个等级：初级、中级、高级、技师和高级技师。它反映了电工的技能水平，对于求职、升职、加薪等都有一定的影响。

国家电网校招流程

国家电网的校招一般分为两个批次：第一批招聘通常在每年的 11 月启动，第二批招聘则安排在次年的 3 ~ 4 月。此外，还有部分单位会在 9 ~ 12 月进行提前招聘。

国家电网的校招流程一般包括以下几个步骤：

一、发布招聘公告：国家电网会在官方网站上发布招聘公告，包括招聘岗位、招聘人数、报名条件、考试时间等信息。

二、网上报名：应聘者需要在规定时间内，登录国家电网招聘网站，填写个人信息并上传相关材料，完成网上报名。

三、资格审查：国家电网会对应聘者的资格进行审查，包括学历、专业、年龄等方面。符合条件的应聘者进入笔试环节。

四、笔试：笔试通常对专业知识和综合能力进行测试，笔试成绩将作为面试资格的重要依据。

五、面试：面试主要考查应聘者的专业能力、沟通能力、团队协作能力等。面试形式可能包括结构化面试、半结构化面试、无领导小组讨论等。

六、体检：通过面试的应聘者将接受体检，体检标准参照公务员录用体检标准。

七、录用公示：国家电网会对拟录用人员进行公示，公示期结束后，如无异议，将正式录用。

什么是农电工

对于身处县城、乡镇或农村的孩子来说，想要进入国家电网，可以关注"农电工招聘"。这是国家电网或其下属单位，为农村电网运维而设的招聘活动。考试内容涵盖农网电气安全知识与实操技能，如安全管理规定、安全用电常识、高压线路安全距离及故障处理等。

农电工平均月薪约六七千元，虽然略低于编制内员工，但福利补贴齐全，包括五险一金、年度体检、防暑费、取暖费及困难补助等。

专科学生们完全不需要为自己的学历感到自卑。其实，在国家电网的校招中，专科生往往更受青睐。因为国家电网的部分岗位工作环境较为艰苦，许多高学历学生不愿意去那里工作。相比之下，专科生更容易接受这些实操性强的岗位。因此，国家电网会倾向于招聘那些愿意投身一线、脚踏实地的专科生。国家电网并非遥不可及，只要选对路径，专科生也能成功入职。

想要当老师，如何高效规划、报考和求职

　　教师职业稳定、福利好，同时有着较高的社会地位，是众多求职者的理想选择。不过，现在想要成为一名公办学校教师可不容易。大部分招聘单位都要求求职者具有研究生学历，并且要经过笔试、面试的层层筛选，竞争相当激烈。

　　尽管就业形势不容乐观，但专科生依然有机会进入教师行业。除了小学、初中、高中及大学教师外，还有中专、职高、技校等教育机构，同样需要正规编制的教师。这些学校对教师的学历要求相对宽松，专升本、成人本科、自考本科等国家承认的学历，只要学信网可查，就符合招聘要求。此外，特殊教育学校和偏远地区的学校，也是值得专科生考虑的求职方向。

　　那么，如何成为这些学校的教师呢？首要条件是取得教师资格证。若有意从事中职教育，则需考取中等职业学校教师资格证或实习指导教师资格证。

明确求职目标：公办还是民办

如果目标为民办中职院校，可以关注学校官网、公众号或招聘网站发布的信息。面试时，形象与试讲表现至关重要，拥有教师资格证更是加分项。即便暂时还没有考取教师资格证，只要展现出积极态度和对教育事业的热爱，面试官也会酌情给予机会，但入职后，还是要尽快考取资格证。民办中职教师招聘更看重个人能力与工作态度，门槛相对较低，如果踏实肯干，业务过硬，在学校里很容易就能脱颖而出。

接下来，我们聊聊公办中职院校。

想要成为公办中职院校的教师，中职或高中教师资格证是必需的。高中教师资格证足以应对文化课教学，但专业课教学则需要中职教师资格证。获取证书后，就要密切关注当地教育局的招聘信息，及时报名并参加笔试、面试。尽管这两关同样具有挑战性，但相较于初中、高中的教师招聘，难度已大幅降低。

提高求职效率的四种途径

一、校园招聘：一些中职院校会直接到高校招聘，如果你专业对口且符合条件，可以积极参与，或许能避开部分竞争。

二、关注地方政策倾斜：有些地区为了促进当地教育发展，会对特定专业或人才给予优惠政策，优先安排招聘。

三、提升专业技能：如果你在某个专业领域有突出技能和成果，更容易引起中职院校的关注和青睐。

四、通过熟人推荐：如果认识中职院校教职工，可能有机会得到内部推荐，但最终还是要通过正规的招聘流程和考核。

需要强调的是，成为中职院校教师，能力与素质是关键。唯有通过合法合规的途径，才能真正胜任岗位，为学生的成长和发展负责。

把握"三支一扶"的就业机会

有些人执着于成为小学老师，但教师编制考试竞争激烈，直接免考入编几乎不可能。但还有一种途径，可能在考编时获得加分，甚至直接入编，那就是"三支一扶"项目。

"三支一扶"涵盖支教、支农、支医及帮扶乡村振兴等领域，支教人员主要在基层学校任教。

各省对"三支一扶"人员考教师编制的优惠政策有所不同，一般来说，服务期满、考核合格的"三支一扶"人员，不需要再参加考试，可以直接入编。比如，广东省提供定向考录、加分优惠、直接聘用等方式；江西省则明确，2024 年"三支一扶"人员服务满 2 年且考核合格，可直接聘为原乡镇街道事业单位工作人员。

此外，许多省份将"三支一扶"人员视为"基层四项目人员"，在考教师编制时，享受定向招聘优待。在少数民族聚居省份，少数民族"三支一扶"人员还能享受加分政策。部分省份将技工院校毕业生也纳入招募范围，进一步扩大了优惠覆盖面。

铁路行业：专科生的优质选择

近年来，我国高铁和城市轨道交通的建设速度傲视全球，这不仅意味着铁路行业专业技术人才十分紧缺，也对运营管理、维护保养等方面的人才提出了更高要求。如此蓬勃的行业发展态势，自然也为专科生开辟了广阔的就业空间。

铁路系统对口专业

当然，这一切的前提是专业要对口。专科生如果想顺利进入铁路系统，首先就得确保所学专业与铁路行业的需求相匹配。对于那些选择中专或职高的同学来说，在专业选择上要格外用心。那么，哪些专业是与铁路行业紧密相关的呢？

一、铁路交通运营管理专业：该专业培养精通铁路运输组织、调度指挥及高效管理的专业人才。毕业生广泛分布于铁路运输企业、轨道运营公司等的关键岗位。随着我国铁路网络的不断延伸，对具备运输组织优化、调度策略制定、票务服务优化及安全保障强化等能力的人才的需求日益凸显。选择此专业的专科生，将通过系统深入的学习，掌握铁路运输管理的精髓，从物流配送的精细调控到客运服务的全盘掌握，以期为铁路运输的顺畅与安全贡献力量。

二、铁道工程技术专业：该专业主要培养能够驾驭铁路线路规划、桥梁构建、隧道掘进等复杂工程技术的专业人才。在铁路事业蓬勃发展的今天，基础设施建设如同铁路的血脉，其人才需求尤为迫切。学生通过丰富的实践教学和项目实训，在铁路工程的每一个环节中，学习布局线路设计，亲身体验严谨的桥梁施工，深入了解隧道工程推进的艰难。每一项技能的学习，都是为了确保铁路工程的坚固与安全，为未来的铁路建设与维护事业添砖加瓦。

三、铁道信号自动控制专业：这是守护铁路安全运行的隐形卫士，专注于培养精通铁路信号设备安装、调试维护及控制系统管理的技术人才。信号系统作为铁路运行的神经系统，重要性不言而喻，学生将深入探索信号设备的工作原理，掌握安装与维护的核心技术，同时学习控制系统的运行管理，确保每一列火车都能在准确无误的信号指引下安全前行。

专科生的优势

或许有人会担心，专科学历在铁路系统中不具备竞争优势。事实恰恰相反，专科生在铁路行业中的竞争力不容小觑，相较于本科生，专科生往往拥有更强的实践操作能力，这在铁路行业中是特别宝贵的素质。铁路行业注重实操技能与工作效率，专科生经过专业训练，能够迅速适应岗位要求，展现出强大的岗位适应能力。此外，专科生的专业设置也更贴近行业需求。

同时，专科生还有机会通过实习、兼职等方式，深入了解铁路行业的现状与需求，积累实践经验。这些经历不仅能够丰富他们的专业知识，更能为未来的职业生涯奠定坚实的基础。因此，专科生同样能够成为推动铁路事业发展的重要力量。

专科生自我提升的四条建议

铁路专业的专科生，如果想在铁路系统中大展宏图，就必须不断加强自我提升。

首先，深化专业知识，精通铁路行业的核心技术。在校期间，要全身心投入学习，深入理解铁路交通运营、工程技术、信号控制等领域的理论知识。同时，紧跟行业步伐，关注新技术、新工艺的涌现，不断更新知识体系，提升专业水平，以适应铁路行业的快速发展。

其次，提升外语水平（尤其是英语）。通过课堂学习、参与英语交流活动、阅读英文技术文献等多种途径，逐步提高英语的听说读写能力。这有助于在国际合作项目中更好地沟通交流，展现个人实力，提升职业竞争力。

再次，获取相关证书，比如铁路工程师职业资格证书、铁路运输经理职业资格证书等，这些证书不仅是专业技能的证明，更是求职履历上的亮点。建议学生抓住在校期间的培训机会，努力考取证书，为自己的职业发展增添筹码。

最后，培养沟通能力、团队协作能力和创新能力。学生可以通过参与社团活动、承担团队项目等方式，锻炼自己的沟通能力与团队协作能力。同时，培养创新思维，勇于挑战传统，提出新颖的见解，为铁路行业的发展贡献自己的力量。

进入铁路系统有哪些途径

·校园招聘

根据岗位的不同，会重点考核应聘者在铁道工程、交通运输、车辆工程、电气工程等铁路相关领域的专业知识。同时，行政职业能力也是必不可少的考核内容，包括言语理解、数量关系、判断推理、资料分析等，主要是考查应聘者的逻辑思维和问题解决能力。

铁路常识也是考核重点之一，如铁路运输组织、铁路安全知识、铁路法规等，这些都是铁路工作者必须掌握的基础知识。部分岗位还会对英语水平有一定要求，包括阅读理解、词汇运用、语法掌握等方面。

在心理素质方面，铁路系统会通过心理测试或面试中的观察，评估应聘者的心理承受能力、稳定性和适应能力。

面试环节主要分为结构化面试和半结构化面试。结构化面试主要围绕个人经历、职业规划、团队协作等方面进行提问；半结构化面试则会在结构化面试的基础上，根据应聘者的回答加以追问，从而更深入地了解其综合素质。

·铁路行业招聘会

招聘会作为求职的直接平台，为专科生提供了与企业面对面交流的机会。在这里，专科生不仅能深入了解企业文化和招聘计划，还能充分展示自己的专业能力和个人魅力。

学生除了不断提升自身的专业能力和综合素质，还要有意识地建立广泛的人际关系网络。通过老师和同学的推荐，往往能发现更多的求职机会。在校期间，要积极参与职业规划活动和就业指导课程，提升职业素养，学习求职技巧。

燃气行业的前景如何，怎样入职

在我们的城市路面下，排布着如蛛网一样的燃气管道，为家家户户输送着煤气、天然气，燃气公司承担着为城市提供和管理燃气的重任。

燃气公司岗位设置

燃气设备维护与管理岗位：这个岗位需要细心和责任心，保障设备安全运行。

燃气管网运行与维护岗位：确保管道畅通无阻，安全供气。这需要专业知识，也需要一双敏锐的眼睛。

燃气安全监察员：守护用气安全，同时还需要负责监督燃气管道的升级换新。这个岗位的人，就像一个指挥官，协调各方资源，确保工程顺利进行。

燃气公司就业前景

首先，作为国有企业，燃气公司不仅实力雄厚，而且工作环境相当稳定，为员工提供了坚实的职业保障。其次，公司的薪酬与福利体系也极具竞争力，员工不仅能享受到高于平均水平的基本工资，还能获得五险一金、带薪年假、定期体检等一系列福利待遇。

特别值得一提的是，燃气公司提供了众多注重专业技能，而不是单一学历要求的岗位，这意味着，即便是大专学历的求职者，也能在这个行业中有所作为。专科生在校期间，接受了大量的实训课程，动手能力较强。相较于那些理论知识丰富，但缺乏实战经验的高学历人才，专科生在实际工作中，往往能更快地适应环境，解决实际问题。此外，专科生对工作环境和薪酬待遇的期望相对合理，更愿意从基层岗位做起。这种务实的态度、踏实肯干的精神，正是燃气公司所看重的品质。

进入公司后，员工还能得到多样化的培训和晋升机会。只要勇于进取，就一定能在这个职业舞台上，找到属于自己的位置。

相关专业推荐

想要顺利进入燃气公司，就要选择与之紧密相关的专科专业，以下专业与燃气公司的工作要求契合度较高，值得大家考虑。

燃气工程技术专业：学习如何安全、高效地把燃气输送到千家万户。燃气管道如同城市的血脉，燃气工程技术专业的学生就是守护这些"血脉"的卫士。

城市燃气工程技术专业：侧重于燃气供应系统的设计与维护，确保燃气供应既安全又高效。这个专业的学生将学会如何打造和维护城市的"燃气血管"。

能源管理与应用专业：培养能够科学、合理地利用能源的专业人才，让能源的利用更加智慧、环保。

管道工程技术专业：学生将学习如何铺设和维护燃气输送管道，确保它们坚固耐用、运行无忧。

机电一体化技术专业：这也是燃气公司青睐的热门专业之一，它教会学生如何让机器和电子设备协同工作，提高生产效率、减少故障发生。

无人机应用技术专业：这个专业在燃气公司的巡检工作中，发挥着越来越重要的作用。学生将学习如何操作无人机进行巡检，利用高科技手段确保燃气管道的安全运行。

入职途径

·校园招聘

每年春秋两季，燃气公司都会定期前往专科院校开展招聘活动。流程包括宣讲会、简历筛选、面试及最终签约等环节。

具体来说，燃气公司设置的一系列考核内容，将全面评估应聘者的能力与潜力。专业知识方面，会重点考查燃气工程相关知识，比如燃气输配、燃气设备原理等，同时还会考查化学、物理等基础学科知识，这些内容与燃气的性质、处理及安全运用息息相关。技能操作方面，侧重于考查基本工具的使用及操作技能的掌握程度。安全知识方面，主要围绕燃气行业的安全法规、操作规范要点等进行考查，确保应聘者具备高度的安全意识。

此外，招聘者还注重综合素质的考查，比如，通过推理题检验应聘者的逻辑思维能力；观察应聘者的表达及理解能力；通过案例分析或小组讨论等形式，评估团队协作能力。

应聘者对燃气行业的发展趋势、市场动态等也要有所了解，在面试中，HR会设置情境题："如果在燃气设备维修中遇到紧急情况，你会如何处理？"或者给出一个关于团队合作完成燃气管道铺设项目的案例，让应聘者分析其中的关键环节。

无论应聘哪种岗位，都需要深入了解公司的岗位需求，提前熟悉考核内容，以最佳状态迎接挑战。

·内部推荐与合作项目

燃气公司与多所专科院校都建立了紧密的合作关系，通过合作项目等形式，为优秀学生提供实践机会和就业渠道。如果项目完成出色，学生就可以成为燃气公司的储备人才。

相较于校招，社会招聘对工作经验的要求更高，流程也更复杂，但只要做好充分准备，依然有机会脱颖而出。

随着新能源和环保技术的不断发展，未来的燃气公司，不仅是能源的提供者，更将成为推动社会进步的重要力量。因此，学生们要把眼光放远，尽可能多掌握最前沿的理论知识，锤炼过硬的技术能力，为日后的个人发展打好基础。

消防系统稳定又"刚需"，
是专科生的好选择

消防工作对于保护人民生命财产安全，维护社会稳定具有不可替代的作用。作为公共服务领域里的"万年青"，消防工作岗位稳定性高，属于社会"刚需"行业。

消防系统不只有消防员

在大家的普遍认知中，做消防工作就是当消防员，其实消防系统的职业分工并没有那么单一。下面，我为大家介绍一下这个领域中的相关职业。

消防工程师：主要负责消防系统的设计、规划和评估，包括为建筑物设计合理的消防设施布局，如火灾自动报警系统、自动喷水灭火系统、防烟排烟系统等。根据建筑的用途、结构和面积等因素，制定符合消防安全标准的设计方案。比如，为一座高层写字楼进行消防工程设计，确保在火灾发生时，人员能够安全疏散，消防设施能够有效运行。

消防设施检测与维护员：主要是定期对各类消防设施进行检测，确保其性能良好。负责消防设施的日常维护和保养工作，及时更换损坏的部件，保证设施的正常运行。比如，定期维护商场的自动喷水灭火系统，确保喷头不堵塞，管道无泄漏。

消防调度员：负责接收火灾报警信息，迅速判断火灾的位置、规模和紧急程度。协调和调度消防力量，包括安排消防车、消防员前往火灾现场，并与现场保持密切联系，及时掌握救援进展。比如，在接到居民小区的火灾报警后，迅速调配附近的消防车辆和人员前往救援。

消防教育培训员：为企业、学校、社区等单位和群体提供消防安全知识的培训和教育。制订培训计划和课程内容，通过讲座、演练等方式，教授如何正确使用灭火器和逃生自救方法，提高人们的火灾防范意识和应急逃生能力。

消防内勤：负责消防部门的文件管理、资料整理、数据录入等行政工作，比如，整理消防监督检查的档案资料，为消防工作的决策提供数据支持。此外，还要协助处理日常事务，如会议安排、接待来访人员等。

消防科研人员：主要从事消防技术和装备的研究与开发工作，推动消防科技的进步。研究新型灭火材料、防火技术，提高消防工作的效率和安全性。比如，研发更高效的灭火剂，以应对复杂的火灾情况。

火灾事故调查员：在火灾发生后，深入现场调查火灾原因，确定事故责任。之后深入调查，收集证据，分析火灾的起因、蔓延过程和造成的损失。

消防宣传专员：通过各种媒体渠道，如电视、广播、网络等，宣传消防知识和法律法规。

消防专科生的专业选择

专科生只要选对了专业，同样能从事消防相关工作。

消防工程技术：这个专业主要学习消防系统的设计、安装、调试和维护等方面的知识。核心课程包括消防工程学、消防系统设计、消防设施施工技术等。学生将通过实验、实训等方式，掌握实际操作技能。毕业后，学生可以在消防工程公司、建筑设计院等单位工作，负责消防系统的规划、设计和实施。

安全工程：主要培养具备安全生产管理、安全评价和应急救援等方面能力的人才。课程设置涵盖安全系统工程、安全人机工程、安全管理学等。学生在学习过程中，深入了解各种安全隐患的识别、评估和控制方法。毕业后，他们可以在各类工矿企业、政府机构等担任安全管理员或安全评价师，为企业的安全生产保驾护航。

建筑消防技术：培养具备建筑消防设施操作、建筑消防设施维护等能力的高素质技术人才。

消防救援技术：教授消防救援知识、消防设备器材使用与维护方法，培养高素质的消防救援与消防安全管理技术人才。

安全技术与管理：教授安全技术与管理的基本理论和基本知识，培养能在安全技术与管理领域从事安全技术服务、安全评价、安全教育与培训等工作的高素质技术人才。

工程安全评价与监理：教授工程安全评价与监理的基本理论和基本知识，培养能在工程安全评价与监理领域从事工程安全评价、工程监理、安全管理等工作的高素质技术人才。

安全生产监测监控：教授安全生产监测监控的基本理论和基本知识，培养能在安全生产监测监控领域从事安全生产监测监控设备的安装、调试、运行、维护等工作的高素质技术人才。

以上专业的毕业生，可以在消防部门、消防工程公司、建筑施工企业、物业管理公司等单位，从事消防设施的设计、安装、调试、维护、管理等工作。

专科生如何进入消防系统

首先，关注校招信息。

每年 5 ~ 7 月，消防部门或相关企事业单位会在专科学校进行校园招聘，建议密切关注学校就业指导中心或相关招聘网站的信息。

在校招之前，学生应提前准备好个人简历、自我介绍，掌握一定的面试技巧。同时，对于消防相关的知识也要有所了解和准备，这样才能在面试中展示出对消防工作的专业素养。

其次，提升专业素养。

在校期间，学生可以选择学习与消防相关的课程，比如消防安全管理、火灾预防与控制等。

除了课堂学习，还可以积极参与学校或社区组织的消防演练和实践活动。这些活动不仅能提升实战能力，还能在校招中作为亮点呈现。

再次，做好笔试和面试准备。

消防系统的招聘考试包括笔试和面试。笔试内容涵盖消防知识、法律法规、心理素质测试等；面试则主要考查应聘者的沟通能力、团队协作能力等。具体考试内容会因为招聘单位和岗位的不同而有所差异，因此，建议学生提前了解，并做好充分准备。

在面试前，要了解消防部门的工作性质和要求，准备相关的面试问题，并提前练习回答。同时，保持良好的仪表和自信的态度，也是面试成功的关键。

消防系统相关证书

注册消防工程师证书：这是消防行业的高级专业证书。考试分为一级和二级，要求考生具备扎实的消防理论知识和实践经验。考试内容通常包括消防工程设计、施工、检测等方面的知识。考生需要通过官方网站报名，参加统一考试。

消防设施操作员证书：这是针对消防设施的日常操作、维护和管理人员的证书。考试内容主要涉及消防设施的基本原理、操作技能和故障排除等。考生可以在相关培训机构或者消防部门报名参加考试。

消防安全管理员证书：这个证书适合负责单位消防安全管理的专业人员。考试内容包括消防安全法律法规、消防安全管理制度和消防安全培训等。考生可以通过消防部门或者相关培训机构，了解报名和考试信息。

除此之外，还有消防指挥员等更专业的证书，适合在消防队伍中担任指挥和管理职务的人员。这些证书的考试难度和内容各不相同，考生可以根据自己的职业规划和兴趣，选择合适的证书进行报考。

在准备考试时，考生可以参加相关的培训课程，学习消防专业知识和技能，还可以通过做模拟试题，检验自己的学习成果。

二级建造师的报考流程和职业通路

二级建造师证书是建筑行业内非常重要的专业资格证书，这张证书不仅是担任项目经理、领航工程项目管理的通行证，更是专科生在激烈职场竞争中脱颖而出的强大助力，能够帮助专科生进入建筑施工、工程管理等多个领域。

二级建造师考试

这个考试并不是建筑行业的专属，而是涵盖了六个专业方向，内容包括建设工程施工管理、建设工程法规及相关知识和专业工程管理与实务三大科目。其中，专业工程管理与实务科目比较贴近生活实际。

考试形式为闭卷笔试，题型多样，包括单选、多选和案例分析等。考试时间通常在每年的 5 月，具体日期可以关注各地人事考试中心的通知。只要具备工程类或工程经济类中等专科以上学历，并满足相应的工作年限要求（专科毕业后 2 年工作经验），就可以报名参加考试。

二级建造师对口专业

机电专业：该专业属于安装工程范畴，市场需求旺盛。因为专业技术含量高，所以有一定的行业壁垒。如果能掌握先进的机电技术，待遇还是很不错的。

市政专业：与建筑专业相比，市政专业的难度稍有提升，涵盖了广泛的工程种类，知识点较为庞杂，备考会有些吃力。不过，市政专业的毕业生，在求职市场上深受施工单位的欢迎。

公路专业：同样有着广泛的市场需求，实务考试以实际工程为背景，这对于有相关工作经验的人员来说，无疑是一个加分项。

水利水电工程：作为重要的基础设施之一，发展前景和市场行情均十分看好。不过，这一领域的技术含量较高，也存在专业壁垒。对于非对口专业的同学来说，报考前要三思而后行。可一旦跨越了这道门槛，水利水电工程将带来丰厚的回报和广阔的发展空间。

矿业工程：这个虽然相对冷门，但含金量不容小觑。受行情、市场条件和政策限制的影响，矿业工程的发展呈现出明显的地区性特征。在矿产资源丰富的地区，矿业工程师的收入和地位都是相当可观的。这个专业适合敢于挑战、能吃苦耐劳，同时又追求高收入的学生。

双证在手，求职不愁

　　未来的职业发展不应仅限于单一的专业领域，双证搭配可以为职业道路增添筹码。比如建筑＋市政的基础搭配，适合大多数同学；机电＋市政的高技术含量组合，适合有机电专业背景的同学；市政＋公路，进一步扩大了市场需求，可以让学生在求职市场上拥有更多可选项。这些同学无论是成为项目经理，还是在施工、监理、设计等岗位上大显身手，都能拥有无限可能性。

专业不对口怎么办

　　如果学历、专业或工作经验与二级建造师报考条件不符，也不必为此烦恼，因为解决方案就在眼前。

　　学历、专业不符的学生，可以选择电大中专的工程类或工程经济类专业，学制只有一年，毕业后就满足报考条件了。

　　如果是工作经验不足，可以寻求相关公司的帮助，开具工作证明，证实自己具备所需的工作经验。

如何备考二级建造师证书

　　首要任务是制订一个周密的学习计划，根据自己的空闲时间，合理划分学习时段，并为每个时段分配一个学习科目。比如，清晨头脑清醒时，可以学习法规；晚上则适合静下心来复习实务。

同时，要针对每个科目的难点和重点进行规划。管理与实务科目中，施工流程和项目管理方法是重点，而复杂的计算题则是难点。

此外，要充分利用线上线下的课程资源，如面对面交流的实用课程、学习网站和 App，如"建造师备考宝典"，随时随地进行学习。

复习时，建议使用思维导图整理知识点，或制作闪卡记忆重点。理解性学习要结合案例分析，避免死记硬背。别忘了做题和模拟考试，随时检验学习效果。

智能楼宇管理员：
人才稀缺的蓝海职业

在十年前，智能楼宇管理员还只是小众职业，因为社会需求量少。随着社会的发展，智能楼宇管理员越来越稀缺，北京的人才缺口至少有十几万。这份工作的职责，主要就是运用智能技术确保楼宇设施（空调、照明、安防等）高效、安全、合理运行，负责楼宇中相关设备与系统的管理、维护、监控。正因为人才如此稀缺，所以初入该职业的智能楼宇管理员平均月薪就在 8000 ~ 15000 元，随着经验积累和职级攀升，薪酬待遇还会继续提高。

智能楼宇管理员证书

在招聘智能楼宇管理员时，企业一定会优先录用有智能楼宇管理员证书的应聘者。有了这个证书，说明你可以熟练地管理和维护楼宇自动化系统、安防系统、通信网络系统等，保障整个智能楼宇的正常运转。在一些智能楼宇项目的竞标中，企业员工如果拥有这个证书，还能增加中标机会。

那么，这个证书如何考取呢？如果你在专科学校的专业是电气自动化技术、电子信息工程技术、建筑智能化工程技术、机电一体化技术等，考这个证就会容易很多，这些专业的学生所积累的知识和技能，对考取该证会有一定帮助。

但需要注意的是，并不是只有这些专业的学生才能报考，其他专业的同学只要符合报考条件，也可以尝试。

一般来说，每年会有两次考试。春季考试在 3 ~ 4 月报名，考试时间是 5 月；秋季考试在 9 ~ 10 月报名，考试时间是 11 月。

报考流程

了解报考信息：通过网络搜索、相关机构咨询等方式，了解报考要求、时间、地点、费用等具体信息。

准备材料：通常包括身份证、学历证明（中专及以上学历）、工作证明（如有要求）、照片等。

报名：在规定的报名时间内，前往指定的报名点提交报名材料。有些地区可能支持网上报名，按照要求填写报名信息并上传相关材料。

资格审核：报名机构或相关部门会对提交的材料进行审核，以确定是否符合报考条件。

缴纳费用：审核通过后，按照要求缴纳报考费用。

参加培训（如有需要）：有些地区可能要求参加一定课时的培训。

领取准考证：在规定时间内领取准考证，了解考试的具体时间、地点等安排。

参加考试：按时参加理论知识考试和技能操作考核。

查询成绩：考试结束后一段时间，可查询考试成绩。

领取证书：成绩合格者，按照通知的时间和地点领取智能楼宇管理员证书。

需要注意的是，具体流程可能因地区和认证机构的不同而有所差异，在报考过程中要密切关注相关通知和要求。

考试内容

智能楼宇管理员证书考试分理论考试和技能操作考试两部分。

·理论考试

理论考试通常采用书面答题方式，包括选择题、判断题、简答题、论述题等题型，主要考查考生对智能楼宇相关理论知识的掌握程度。

理论考试内容包括：

一、智能楼宇的基本概念和原理，如智能化系统的组成、功能等。

二、楼宇自动化系统知识，如暖通空调、给排水、供配电等系统的原理和控制。

三、安全防范系统知识，如视频监控、门禁、入侵报警等系统的原理和操作。

四、通信网络系统知识，包括综合布线、计算机网络等。

五、智能楼宇相关法规、标准和规范。

·技能操作考试

要求考生在规定时间内，完成某些智能楼宇系统的操作任务，比如对设备进行调试、设置参数等。同时，还会以案例分析的形式，让考生根据给定的场景分析问题，并提出解决方案。有时，考生还要参与现场答辩。具体考试形式会因颁发证书的机构、地区，以及考试等级等因素而有所不同。

技能操作考试内容包括：

一、智能楼宇系统的日常操作和维护技能，如设备的调试、故障的排除等。

二、安全防范系统的实际操作，如监控系统的设置、门禁系统的授权等。

三、对楼宇自动化系统的运行管理和参数设置。

四、根据实际情况进行系统优化和改进。

不同地区和认证机构的考试内容会有一定差异，但总体上都是围绕智能楼宇管理的核心知识和技能展开。

多元就业岗位

考取了智能楼宇管理员证书之后，可以关注以下单位的招聘信息：

智能楼宇系统集成公司：负责项目实施和管理。

物业公司：承担楼宇智能化系统的运营工作。

大型企业的设施管理部门：保障企业内部智能楼宇系统的正常运行。

相关技术服务公司：提供技术支持和维护服务。

举例来说，在一些大城市的高端写字楼、智慧园区中，对专业的智能楼宇管理员的需求较大，可以获得较稳定的工作待遇。智能家居的普及，也给智能楼宇管理员带来了施展才华的空间。

随着智慧城市建设的不断推进，智能楼宇的数量也在持续增加。在这些新建智能楼宇项目中，需要专业管理人员参与系统规划、安装和调试。已建成的智能楼宇也需要他们进行日常运行管理和维护，确保系统的稳定高效。目前，智能楼宇已经涵盖了商业写字楼、住宅小区、医院、学校等多种场所，就业领域十分广泛。

供水公司是做什么的，
如何进入供水行业

说到供水领域，中国水务集团无疑是行业内的佼佼者，公司不仅遍布北京、上海、广州、深圳等大城市，也在二三线城市服务千家万户，可谓润泽四方。比如，北京自来水集团、上海城投水务、天津水务集团、河北水务集团等，它们在各自的地域内，为当地居民提供着稳定可靠的供水服务，守护着每一滴生活用水的纯净与安全。

庞大系统蕴藏机遇

供水系统是社会运行与经济腾飞的基石，正是这份不可或缺与这种庞大体系，提供了无数就业机会。从源头取水到水质处理、监测，再到供水管道的铺设、维护与运营管理，每一个环节都凝聚着专业人才的智慧与汗水。

关乎民生福祉的行业，工作的薪资待遇如何呢？现阶段在一线城市，初级工程师的月基本工资在 5000 元左右，此外还有年终奖金、各类补贴等收入，福利也很完善，包括带薪休假、节日福利、健康体检等。供水公司很少裁员，只要勤勉尽责，就没有失业之忧。

专科生的就业优势

专科生在供水公司里，有着独特的优势。面对复杂的管网维护、水质检测等工作，专科生往往能凭借较强的实操能力迅速上手。

无论身处何种工作环境，专科生都能展现出较高的适应性和灵活性，这是与专科院校注重实践操作的教学理念分不开的。

对口专业有哪些

当然，进入供水公司并非易事，选择对口专业十分重要。那么，哪些专科专业有助于获得供水公司的职位呢？

水利工程技术专业：这个专业专注于水资源的开发与利用，以及水利设施的设计与建造，正是供水公司最需要的专业。

给排水工程技术专业：负责城市供水和排水方案的制定与实施，是供水公司不可或缺的一环。

环境监测与治理技术专业：这个专业正日益受到重视。在环保理念日益深入人心的今天，这个专业的学生如同"绿色使者"，可以为供水公司的可持续发展贡献力量。

水务管理专业：致力于优化供水系统的运行，确保供水效率与水质安全，是供水公司急需的人才类型。

这些专业的毕业生，有机会在供水公司担任供水工程师、给排水工程师、水质检测员、水务管理人员……这些岗位招聘基数庞大，是供水公司的刚需岗位。

就职途径和工作前景

想要敲开供水公司的大门，最简单直接的方式就是参加校招，每年的 9 ~ 11 月，是供水公司前往专科学校开展校招的时间。具体时间安排，可以关注学校就业指导中心公告，或者供水公司的官方网站。

校招流程包括在线申请、笔试及面试三大环节。在线申请是在指定平台填写简历，笔试部分涵盖专业知识与综合能力的测试，面试则是对求职者沟通能力与个性特质的全面考查。

供水公司为什么那么受青睐呢？首先，工作环境设施完善，上班时间规律，福利待遇也很优厚，为员工们提供了一个高效、舒适的工作氛围。

公司会定期组织安全培训，确保每位员工都能掌握必要的安全知识与技能。同时，还会为员工提供齐全的劳动保护用品，全方位保障员工的人身安全。

作为一个技术密集型行业，真正的技术人才，都可以在技术、管理、运营等多个领域，获得属于自己的发展空间。供水公司完善的培训体系和晋升机制，能够让员工不断提升专业技能和综合素质，根据业绩和能力进行晋升。

物流师还有前景吗，
怎样规划最稳妥

在这个瞬息万变的时代，物流行业扮演着举足轻重的角色。它不仅是生产与消费之间的桥梁，更是驱动社会经济发展的核心引擎。随着电子商务的蓬勃发展，物流行业的前景愈发广阔，对专业人才的需求也随之激增。

物流"优化大师"

无论是物流公司、生产制造企业，还是电商巨头，都渴求那些持有物流师职业资格证书的专才，助力他们优化物流流程，提升整体效率。无论孩子想要从事物流管理、供应链管理还是仓储管理，持有物流师职业资格证书，都能让他的职业道路更加多元。这些岗位要求从业者具备扎实的专业能力，帮助企业提升物流效率、削减成本。

持有物流师职业资格证书的学生，将受到物流公司、电商巨头、生产制造企业的青睐，因为他们可以用智慧和才华，成为企业物流流程中的"优化大师"。

此外，物流行业的触角早已延伸至乡镇乃至农村地区，对于专科教育背景的学生而言，这意味着他们将拥有更广阔的职业舞台。

考取物流师职业资格证书的条件和流程

在物流师职业资格证书的报考条件上，大学专科及以上学历的毕业生，都具备报考资格。其中，物流管理、供应链管理等专业的学生，因为已经在学校里接受了系统的理论学习与实践锻炼，掌握了物流行业的核心知识与技能，所以在备考时能够游刃有余。

物流师职业资格证书的考试一般安排在每年的 5 月中旬和 11 月中旬。报名流程简洁明了：先是在网上报名，接着缴纳考试费用，最后打印准考证。

考试内容则分为理论知识与实践操作两大板块。理论知识考试涵盖物流管理、供应链管理、仓储管理等核心领域；而实践操作考核则是对考生动手能力和问题解决能力的全面检验。

在校生可以充分利用学校资源，如图书馆、实验室、实习基地等，为自己的备考之路添砖加瓦。同时，积极参加学校组织的培训和模拟考试，提前感受考试氛围，为正式考试做好充分准备。

对于非应届生，社会培训机构提供的培训课程将是不二之选。在那里，学生将获得系统的学习和实践机会。当然，自学也是一条可行的道路，可以通过阅读相关书籍、观看在线课程、参加讨论小组等方式进行备考。

持有物流师职业资格证书的专业人才，将更容易踏上职业晋升的"快车道"。他们不仅能为企业创造更高的效益，更是物流行业标准化和专业化的有力推动者。他们的专业知识和技能，如同物流行业的"魔法棒"，让物流效率飙升，物流成本骤降，为整个物流行业注入无限活力。

公共营养师：中专、职高就可以报考的热门行业

　　无论是个人追求更加健康的生活方式，还是慢性疾病的预防与康复、特殊人群的营养管理，都离不开营养师的介入。在健康管理领域，营养师能够与健康管理师等其他专业人员紧密合作，共同为客户提供全方位的健康服务。他们在健康管理机构、体检中心等机构中拥有广阔的发展空间，致力于提升公众的健康水平。

　　与此同时，食品行业也日益重视营养价值，营养师在食品研发、生产、营销等环节都发挥着举足轻重的作用，他们为食品产业的升级注入了新的活力。

　　此外，学校、幼儿园、养老机构等场所对营养师的需求也在稳步增长，他们为特定人群提供量身定制的营养指导，确保他们的营养健康得到全面保障。

　　由此可见，公共营养师的工作已经遍布社会各个领域，他们用专业知识为人们的健康保驾护航。在一线城市，初入行的公共营养师月

平均收入在 5000 ～ 8000 元。随着经验的积累，两三年后，月薪就可跃升至 8000 ～ 12000 元，甚至更高。

公共营养师对口专业

如果您的孩子在中专或职高阶段，已经选择了与营养学相关的专业，就可以相对容易地考取公共营养师证。接下来，我将介绍三个与公共营养师证考试高度相关的专业，帮助大家更好地了解这一领域。

食品营养与检测专业：这是一个与公共营养师证考试紧密相关的专业。在校期间，学生们将系统学习食品化学、食品营养学，以及食品分析与检测技术等课程。他们在深入了解各类食物营养成分与特性的同时，还要学习如何运用先进的检测手段，对食品营养进行准确评估。这样的专业背景，将为他们备考食物营养、营养评估等知识点提供帮助。

医学营养专业：这个专业融合了医学与营养学知识，学生们会学习基础医学、临床医学概论和营养学基础等专业知识。这样的学习经历，不仅能让他们对人体生理病理有深入的了解，还能让他们掌握营养在健康与疾病中的重要作用。公共营养师证考试中，会有不少内容涉及营养与健康关系、不同人群营养需求等问题，对此，该专业的学生就能够展现出更扎实的理论素养与分析能力。

烹饪工艺与营养专业：这也是一个不容忽视的专业。学生主要学习烹饪原料学、烹饪工艺学和烹饪营养卫生学等实用课程，能够掌握食物原料的特性、烹饪方法对营养的影响等。当他们在备考公共营养师证时，就可以准确理解和把握食物的加工处理与营养保留、不同烹饪方式下的营养变化等关键内容。同时，该专业培养的实践操作能力，也能让他们在实际营养指导工作中更加得心应手。

如何报考公共营养师证

公共营养师证考试在每年的三四月份开始报名，可以通过官方网站线上报名，考试一般安排在 5 月中旬。请注意，公共营养师证考试是由各省自行组织的，所以报名与考试时间会略有不同，要多留意各省具体的时间安排。

考试内容包括两大板块：理论知识与实际操作。理论知识部分需要深入学习营养学基础知识，掌握营养素的分类、功能、缺乏与过量症状，各类食物的营养价值，不同人群的营养需求与膳食指导，营养与健康相关疾病的关系，以及食品卫生与安全知识。

实际操作部分侧重于膳食调查与评估、食谱编制与评价、营养咨询与教育技巧、营养干预方案的制订与实施等技能。

每年的考试大纲和级别要求会有调整，在备考过程中，请务必认真学习相关教材和参考资料，多做练习题和模拟试卷，增加通过考试的可能性。

哪些领域需要营养师

营养咨询和指导：为个人或团体提供专业的营养建议和膳食指导，帮助他们改善饮食结构和健康状况。

餐饮企业：可以参与餐饮企业的菜单设计、营养搭配，确保菜品符合营养标准。

健康管理机构：为客户制订个性化的营养计划，进行健康管理。

食品企业：从事营养食品研发、产品推广、营养标签制定等工作。

学校、幼儿园：负责学生和幼儿的营养配餐和营养教育工作。

社区卫生服务：开展社区营养教育活动，提高居民的营养健康意识。

养老机构：为老年人提供合理的营养膳食安排和营养保健服务。

健身中心：配合健身教练，为会员提供饮食建议，辅助增强健身效果。

企业单位：为员工提供营养讲座和咨询服务，提升员工健康水平。

营养研究和教学：参与与营养相关的研究工作或从事营养专业的教学。

关注情绪：
别让孩子在你设定的
轨道里"艰难行走"

孩子健康成长三要素

没有身心健康，一切都是空谈

身心健康，是孩子追求梦想、实现价值的前提条件。一个体魄强健、心态积极的孩子，能够以饱满的热情投入学习与生活中，勇于面对挑战，积极克服困难。他们的世界因健康而充满活力，因积极而无限宽广。

因此，父母应当时刻关注孩子的身心健康状况，为他们营造一个温馨和谐的家庭环境，提供均衡的饮食，保证充足的睡眠，鼓励他们参与体育锻炼，培养健康的生活习惯。同时，父母还要关注孩子的心理健康，倾听他们的心声，理解他们的感受，给予他们足够的关爱与支持，帮助他们建立自信，学会调节情绪，以积极的心态面对生活的起伏与变化。

被低估的家庭和睦

作为大学老师，我时刻关注着学生的就业情况，我发现，影响孩子个人发展的因素中，家庭和睦的重要性常常被低估。一个和谐美满的家庭，能够培养出孩子对家的归属感与责任感，他们会更懂得感恩与回馈。

现在，"佛系""躺平"成为网红词汇，我们在调侃年轻人的同时，不妨从家庭和睦的角度，重新审视这一现象。或许，正是家庭教育的缺失、家庭氛围的淡漠，导致部分年轻人在面对社会竞争时，缺乏足够的动力与韧性。我见过不少家庭，因为过度"内卷"的教育，亲子关系陷入紧张的旋涡，夫妻双方因为孩子的学业而频繁争吵，甚至走向离婚的边缘，孩子则在父母过高的期望中，渐渐心生怨恨。长此以往，孩子对"家"这一概念的认知逐渐模糊，甚至产生疏离感。

这也就不难理解，为什么现在许多孩子会抗拒婚姻和生育。因为他们在家庭中很少感受到美好与幸福，不但不会产生向往，甚至还会感到排斥和恐惧。更令人痛心的是，部分父母在教育子女时言辞极端，比如"考不到第一，你不如去死了""当初要是没生你就好了"，等等。这些话不断向孩子传递负能量，让孩子认为自己是被嫌弃的、多余的人。

当他们步入社会后，很容易变得自私自利、缺乏责任感。有些会选择躺平、摆烂，对家庭与社会都漠不关心。这样的态度，不仅阻碍了个人成长，也对社会发展造成了负面影响。

这一切，无不在警示我们：任何牺牲家庭和睦与亲子关系换取的教育成果，都是得不偿失的。

人格健全才是教育的核心

分数仅仅是一个衡量标准，孩子人格的健全发展才是教育的真正核心。这包括构建孩子的价值观、明晰是非观念以及塑造世界观。

我经常与那些面临孩子厌学、辍学困扰的家长交流：孩子的决定，不单纯是学校环境的结果，更深层次、更直接的原因往往在于家庭。父母的行为与态度，有时会成为压垮孩子心理防线的最后一根稻草。

如果父母能够给予足够的关爱与理解，让家成为孩子心中最温暖的港湾，那么无论在学校遭遇了多少挫折与烦恼，当孩子踏入家门的那一刻，所有的不快都将烟消云散。家，应当是孩子心灵的避风港，是他们重新找回力量与勇气的源泉。

责任感是一个人品质与能力的重要表现方式，我们常说"穷人家的孩子早当家"，我有一些学生来自贫困的农村，他们对家庭有着极强的责任感，从老家远赴外地，边读书边勤工俭学，小小年纪就肩负起了家庭的重担。这些孩子，作为家中的长子或长女，在父母面临困境时，不仅没有被压垮，反而成了家庭的支柱，照顾弟妹，操持家务，那份坚韧与担当常常令我感动。反观大城市里家庭条件还不错的孩子，他们恰恰缺少了这份责任感，我认为，这与家庭教育导向息息相关。有些家长把注意力过度聚焦于孩子的学习成绩，忽视了培养他们的责任感，这是一种观念上的偏差。

要竞争，不要卷

什么是不正常的卷

曾经有个家长给我浏览了一个英语阅读群，里面有几百位家长，他们的竞争氛围简直令人窒息。好的启蒙教育当然是非常有意义的，但在这个群里，才三四岁的孩子，每天都要记忆大量知识，学英语、识汉字、做计算题……作为自己父母在群里炫耀的资本。有些孩子"天赋异禀"，3 岁就能流利地说英语了，这更加剧了其他家长的焦虑，整个群体因此陷入了一种竞争旋涡。这其实已经超过了正常的竞争范畴，变成了一种盲目的攀比和跟风。

我们首先要明确"卷"这个概念，如果家庭条件允许，孩子能够接触到丰富的教育资源，这种早期学习并不算是卷。真正的卷，是别人工作 8 个小时，我工作 10 个小时；别人做 5 个蛋糕，我做 10 个蛋糕。

这种通过不断增加工作量来获得更好的工作机会，让别人显得不努力的行为，才是真正的卷。

现在很多人对卷的理解，已经偏离了它的本质。其实，良性的竞争应该是有自驱力的，是出于对自己更高的要求。我们当然期望孩子在学业上能达到一定的高度，但对于大多数成绩普通的孩子来说，成绩并不等同于智商。因此，家长们需要转变思路，为孩子寻找更多的发展赛道，这种改变是可能的，也是值得的。比如，我们可以从小培养孩子的乐器技能，提升他们的艺术素养，锻炼协调能力和耐心。同时，情商和人情世故这些软技能，对孩子未来的发展将起到远大于学业成绩的作用。

超前学习，还是顺其自然

那么，三四岁就让孩子学习大量的学科知识，到底好不好呢？

关于儿童学前教育，有两种截然不同的观点：一种观点认为，超前教育并不是什么明智之举，强制灌输不符合他们认知水平的知识，会削弱孩子对知识天然的好奇心。长此以往，孩子会把学习视为任务，缺失了内在驱动力。更严重的是，超前学习会让孩子形成"假性领先"的错觉，超前学习的孩子上学后，最初因为熟悉内容，表现十分优秀，可一旦遇到挑战或新鲜感减弱，便会迅速落后，特别是到了需要深度理解和创新思维的高年级阶段，他们就跟不上了。

另一种声音强调，超前学习可以给孩子带来成就感，让孩子觉得自己比同龄人更厉害，这对于激发孩子的学习动力非常重要。尤其是数学等需要逻辑思维训练的学科，如果周围的孩子普遍超前学习，自家孩子没能跟上步伐，那么他就会因为感受到巨大的学习压力而丧失信心，影响后续的学习态度和成效。不过，这种观点也得辩证看待，因为它隐含了一个假设：所有孩子都应该通过超前学习来保持竞争力。

在这里，我无法给出单一的回答，告诉你应该让孩子超前学习，还是让孩子无忧无虑地玩到上学再说。但我想说的是，每个家长都要辩证地看待孩子的超前教育，无论是鼓励超前学习还是倡导顺应自然发展，核心都应该聚焦于如何更好地促进孩子的全面发展与健康成长。

成功的教育，不是仅仅追求知识的堆砌，更应该关注孩子的兴趣培养、人格塑造，以及锻炼自主学习能力。

学得"多"并不等于学得"好"，孩子的接受程度是有限的，哪怕你选择了让孩子超前学习，也不需要在一群人中让孩子和其他人竞争。重要的并不是学多少知识，而是让孩子感受到学习的乐趣，培养好的学习习惯。

哪怕是在学龄阶段，国家层面也在积极倡导减轻学生负担，增加体育活动和游戏时间，这就是为了给孩子营造一个更加宽松、健康的学习环境，让每个孩子都能在适合自己的节奏中茁壮成长。

精英教育≠卷生卷死

国内众多中产家庭不惜重金，把孩子送入所谓的精英学校。其实，真正的精英学校教育模式与众不同。以上海、北京等地的精英学校为例，小学一年级，早上9点，孩子们来到学校，先是上45分钟的骑马课，10～11点学习射箭。午餐后，午休至下午2：30，接着只用半个小时学习数学。到了下午4～5点，老师会带着学生观察小动物和植物。

另一种精英教育模式以香港为代表，高中生学习的科目并不多，主要学习英语和一门专业课，比如金融或法学。

很多家长错把灌输、填鸭式学习当成了所谓的精英教育，他们崇尚这种教育方式，并愿意花高价让孩子去接受这种教育。这种教育方式破坏了孩子的天性和创造力，让他们变得只会死记硬背，无法开拓自己的思维，更不能举一反三。

马斯克在教育孩子时，就非常注重创造力和独立思考能力。他鼓励孩子们多阅读、多探索，并给予他们足够的自由空间去发展自己的兴趣爱好。

我们应该认识到，真正的精英教育并不是让孩子过早地接触学科知识，而是培养他们的创造力、思维能力和艺术素养。国家管控补课行为，正是为了保护孩子的天性，让他们能够健康快乐地成长。

快乐教育有错吗

一些发达国家的"快乐教育"，是教育过程中自然产生的结果。有些声称拥护快乐教育的人，其实对其背后的教育理念和体系未必了解。

事实上，当前国内的教育体系与发达国家的教育体系，在某些方面正逐渐趋同。

当一个美国孩子 16 岁时，学校会着重发展他的个人特长和兴趣。比如，身材高大的男孩子可以通过打篮球实现读大学的梦想，未来还有机会加入 NBA 或参加地方联赛。作为世界上最发达的国家，美国已经建立起了一套完善的社会体系，能够支撑教育模式的顺利实施。这种教育不是单纯地追求快乐，而是因其高度适应每个孩子的个性发展，而让孩子在学习的过程中感到轻松和快乐。

中国的教育体系正在发生深刻变革，中考、高考作为人才筛选方式，引导孩子走向适合自己的教育路径。无论是读高中，上艺校、卫校，还是选择机械、农业等职业技术学校，孩子都能找到适合自己的发展方向。特别是选择职业教育的孩子，在三年的学习中，没有过大的考试压力，能够享受学习的快乐，并且有机会进入大学深造。

只要我们真正理解教育的本质，尊重每个孩子的个性发展，那么无论是国内还是国外，教育都应该是快乐的。这是我的理想，也是我对中国教育的期待。

管太多了，孩子怎么可能
感受到人生的意义

在教育孩子的道路上，我们需要找到一个微妙的平衡点——如何在引导与放手之间，找到最适合孩子的成长路径。把孩子长时间锁在房间里强迫他做题，或是送入军事化管理的学校，这些做法看似是教育，实则更接近一种过度管控。

教育的真谛，在于点燃孩子内心的火焰，而不是把他们塑造成符合某种标准的模具。当家长把自己的期望与私欲强加于孩子时，就已经偏离了教育的初衷。孩子年幼时，或许会因为依赖和信任而顺从父母，但这种顺从缺乏内在动力和理解。随着年岁渐长，他们开始独立思考，有了自我意识，家长的指令便在他们眼中逐渐失去了意义，取而代之的是对自我价值的探索与追求。

尤其是到了青春期，孩子有了反叛意识，开始质疑过往的种种。那些曾经为了迎合父母而付出的努力，在现在的孩子看来，或许只是空洞的遵从。他们渴望真实的自我表达，以及对个人情感的认同与尊重。因此，家长如果仍然沿用旧有的管控方式，只会加剧孩子的叛逆情绪，造成亲子关系的紧张与亲子间的隔阂。

值得欣慰的是，孩子的反叛也不全然负面，强烈的个人主观意识与独立思考能力，是未来立足社会的重要基石。相较于那些被过度管控、自我意识尚未觉醒的孩子，他们更有可能成为有主见、勇于挑战自我的个体。

因此，家长要及时反思并调整教育方式，耐心倾听孩子的声音，理解他们的需求与困惑，鼓励他们勇敢地表达自我、探索世界。同时，我们也要学会放手，给予孩子足够的空间与自由，让他们在试错与成长中，逐渐找到自己的方向。

许多孩子自幼被父母预设的成长轨迹所束缚，似乎每一步都被精心规划，哪些该做，哪些不该做，界限分明。这样的教育方式剥夺了孩子独立思考与自主决策的能力，导致他们成年后缺乏主见，如同无舵之舟，随波逐流。

在农村，这种现象尤为突出，孩子们到了一定年龄，就会被周围人催促着结婚、生育。回想我自己就经历过催婚，当时我刚满 30 岁，七大姑八大姨就来关心我的终身大事。当时我已经有了感情稳定的女友，但我们选择暂缓结婚。面对亲戚强加的"该"与"不该"，我感到十分不舒服，我不想用外界标准来衡量我们的感情。

我注意到，那些性格偏内向，平时表现出不自信、不合群、不敢尝试新事物的孩子，往往都是因为被父母保护得太好。其实，在安全和可控的范围内，我建议父母适当放手，让孩子去自由探索。比如，周末在公园玩耍时，不必限制他们接触所谓"脏"或不卫生的东西。相反，应该让孩子接触并体验这些事物，即使孩子不小心受了点小伤，也无须大惊小怪。孩子只有从实际经验中体验到了危险性，才能真正学会保护自己。

对于稍大些的孩子，父母可以让他独自跟随旅行社出游。这种安排是为了让孩子在陌生的环境中，强迫自己与他人沟通交流，比如，接受叔叔、阿姨的请求，帮他们拍照，与陌生团友同桌用餐。孩子只有在集体氛围中，才能慢慢克服胆小、自卑的问题，变得开朗和自信。

总之，孩子的童年和少年阶段，是他们探索世界、培养兴趣、发展天性的黄金时期，我们要尊重每个孩子的独特性，鼓励他们勇敢地活出自己的色彩，而不是在他人设定的框架内唯唯诺诺地生活。

每个孩子都有可能叛逆和厌学

优秀生为什么也厌学

人为什么会厌学？简而言之，当一个人通过学习无法获得任何快乐时，他就可能产生叛逆或厌学的情绪。特别值得注意的是，在厌学的孩子中，成绩拔尖者不在少数。而那些成绩一直不太好的孩子，往往不会表现出强烈的厌学情绪。

为什么一个学习优秀的孩子，会在某一个阶段突然厌学？

比如男孩小F，在他上小学的时候，妈妈告诉他要好好读书，初中争取进入重点班。孩子努力了，也成功进入了重点班。妈妈又告诉他，初中三年非常重要，能不能考上重点高中将决定他的未来。于是，孩子又努力了三年，没日没夜地学习。当他如母亲所愿进入重点高中后，他并没有得到任何快乐，反而面临更大的学习压力。因为重点高中的学习节奏和学习强度，都远远超过初中。

孩子开始反思，自己这么多年的努力究竟得到了什么？最后，他发现自己一无所有，唯一不变的，是妈妈一如既往的要求。接下来要考大学了，妈妈对他的管控更加苛刻：不能玩手机，只能做卷子。在这样的环境下，孩子开始质疑自己努力的意义。

我们可以看到，孩子产生叛逆和厌学的情况，往往是由于压力得不到释放，以及对未来目标的迷茫所导致的。这就像大人工作一样，如果老板天天只关注工作业绩，回到家后，家人也只问工资和绩效，人很容易就会感到厌倦，甚至想要逃离。孩子也是一样，他们需要得到更多关心和理解，而不仅仅是被要求取得好分数和好排名。

"等你考上大学就好了"

我相信，很多家长都会这样鼓励孩子——"等你考上大学就好了"。孩子寒窗苦读 12 年，睡眠不足，只为了一个目标——考上大学。最后，当他们终于踏入大学校门后，就将学业抛之脑后，因为他们默认大学就是终点，是解放的彼岸。这种心态让他们在大学 4 年里浑浑噩噩，什么也没学到，只混得一张文凭，出来找工作时，发现自己什么都不会。

叛逆和厌学并不是问题的关键，关键在于孩子是否有学习的天赋，尤其是高年级的文化课，很大程度上是靠天赋的。我曾经也相信所谓的方法论，但当我成为大学老师后，与那些高分考入王牌专业的学生交流，我得出了一个结论：顶尖学府的高才生，大都是天赋型人才。

因此，如果孩子在学习上没有天赋，你就不能给他太大的学习压力，家长能做的，就是适当弱化对文化课的关注，转而提升孩子的其他能力，比如动手能力、思维灵敏度和表达能力等。同时，父母还应该留意孩子平时的小爱好，其中可能就隐藏着他们未来的发展方向。

我从不跟家长提"叛逆"或"厌学"这样的字眼，如果孩子本身就不适合学文化课，厌学不是很正常吗？就像你被迫与自己讨厌的人打交道，还要强迫自己接纳他们，这本来就是反人性的事情。

已经出现了厌学，怎么办

第一步，想办法让孩子先回归学校，对他说："哪怕你去学校只是睡觉，也没关系。"为什么一定要这样做呢？因为在初中阶段，只要天天去学校，不无故旷课，参加中考，哪怕只考 50 分，也还能读一个公办技校。让孩子学一门技术，到第三年通过高职单招，就可以考全日制的公办大专。

第二步，父母要多观察，发掘孩子的优势在哪里。只有尊重天性、顺应天性，才能更好地帮孩子提前做好规划。这样一来，孩子和父母之间，就不会出现剑拔弩张的情况，沟通起来也会更顺畅。

其实，成年人如果把"厌学"转换为"厌工"，可能就能理解孩子的心理。举个简单的例子：有一天你因为身体不舒服，工作表现不太理想。谁知，你的老板或者主管压根不关心你的身体，劈头盖脸就批评你，说你工作做得不好，甚至威胁要扣你工资。这时候，你自然会觉得领导不近人情。当这个领导再给你布置任务的时候，你可能就不会全力以赴了，甚至慢慢产生抵触和厌恶情绪。成年人尚且如此，更何况心智还不成熟的孩子。

为那一个瞬间，向孩子道歉

在生活中，很多看似不可调和的矛盾，常常都起因于一些小事。我曾经接触过一个男孩小 A，他直接对我说："我恨爸妈！"我问他为什么，他说在父母面前，他做什么都不对。比如，他在家看电视，父母会说不对。他把西红柿皮挂在垃圾桶边缘，父母也会骂他一顿。周末的时候，他和同学出去吃东西，被爸爸发现嘴角有酱，结果又挨了一顿骂。吃饭的时候，父母天天给他讲道理，让他不胜其烦，甚至觉得出去打工都比在家强。

然后，我就问他的父母是不是有这些情况。他们虽然没否认，但一直强调都是为了孩子好。

在我看来，这对夫妻有些与众不同，一般家长的关注点都在孩子的学习，只要成绩好，哪怕孩子做事再差、再不拘小节，他们都觉得孩子有出息。可是，小 A 说父母没有因为他成绩好就放过他，而是看他哪里都不舒服，总是纠结于一些细枝末节的事情。

我对这位妈妈说："你先给孩子道个歉，你们的教育方式确实错了。"

在我的直播间里，我跟她聊了近 20 分钟。起初的 10 分钟，她虽然表面上接受了，但从语气里还是能听出她心中没有完全接受。我就跟她说："如果你不改，你知道孩子的结果会是什么吗？"听完这句话，她害怕了，问我结果会怎样。我说："你现在去医院看看，还有好多孩子在病床上躺着，可能永远无法下地。只有他们的父母才会明白，孩子只要健康平安，就是最好的。"

我的话可能触动了她的内心，她的态度开始有了真正的转变。后来，母子俩一起来到我的直播间，当妈妈刚说出"儿子，你辛苦了，我知道你这么多年上学不容易"时，儿子就忍不住哭了出来。面对妈妈的歉意，孩子也放下了心防，把积压在心底许久的委屈和痛苦都倾诉了出来，妈妈这才知道，原来她和丈夫不经意间的责备，孩子都牢牢记在了心里，那些瞬间，日日夜夜折磨着他。

给予孩子选择的权利

孩子："妈妈，我今天想吃肯德基……"

妈妈："吃什么肯德基？都是垃圾食品，一天到晚就想着吃，叫你读书怎么一点不积极?!"

这样的对话是不是很熟悉？撇开食品健康问题，请各位家长想想，自己有没有特别渴望吃高热量食物的时候？孩子提出这样的要求，本身无可厚非，他们理应享有表达个人喜好与选择的自由。当面对孩子的请求时，父母应该采取更理性与温和的态度，而不是一味否定与指责。

比如，当孩子提出想出去吃饭时，可以这样询问孩子："儿子，是不是最近妈妈做的饭菜不合你胃口啦？"很多时候，家长会把简单的事情变得太复杂，孩子的需求其实很简单："我就是想换换口味。"

每个家长都怕孩子变得叛逆，但这种变化从来不会无缘无故地发生。本来全家一起外出聚餐应该是亲子间的温馨时刻，却往往因为家长的过度反应而变质。孩子偶尔的"嘴馋"并不会对孩子的健康造成不可逆的损害，关键在于适度与引导。事实上，诸如肯德基、麦当劳等大型连锁餐饮店，在食品安全与卫生管理上的标准，都高于很多小餐馆。因此，面对孩子的日常请求，家长们可以尝试通过正面沟通与引导，在满足孩子合理需求的同时，营造更加和谐的家庭环境。

如果你的孩子正在遭遇校园霸凌

家长们，别等出事才醒悟

在很多家庭里，父母都会要求孩子要"乖"、要"听话"，这在一定程度上促使孩子养成了内向、顺从的性格。

晚餐时分，本该是家庭团聚、交流情感的美好时光，可对有些家教甚严的孩子来说，饭桌上是不被允许说话的。如果孩子一时没克制住好奇心，想参与到父母的讨论中，就会被警告："大人讲话时别插嘴！"批评的次数多了，孩子与家长之间，便悄然形成了难以言喻的隔阂。尤其是内心丰富、情感细腻的孩子，被迫学会了隐藏真实的自我，展现出与内心世界不符的表象。这种表里不一，让他们内心十分煎熬，试问哪个孩子不渴望交流与表达？可是，父母的责备让他们不得不用沉默和顺从保护自己。

在学校里，成绩几乎是评判孩子的唯一标准，成绩不好的孩子，常常会感受到无处不在的挑剔与指责。无论是考试成绩，还是回答问题，都能成为老师批评的内容。孩子们在这样的环境中，渐渐感到孤立无援。当他们回到家里，又有来自父母的责备等待着他们。久而久之，孩子对自己越来越没有自信，更习惯于自我否定，认为即使开口也只会招来更多的批评。这种心态的产生，无形中为校园霸凌埋下了隐患。那些看似顺从、实则内心挣扎的孩子，很容易成为霸凌者的目标。他们因为习惯了接受批评与指责，缺乏反抗的勇气与自信，成为任人欺负的"软柿子"。

施暴只分零次和无数次

当孩子在学校遭遇霸凌时，家长应该如何应对呢？

家长的态度应当十分坚决，绝不容忍任何形式的暴力行为，因为施暴行为一旦开始，就很难自行终止，它如同一个恶性循环，可能愈演愈烈，对孩子的身心造成不可估量的伤害。

哪怕孩子遭遇的是被扔粉笔头这样的小事，家长也要高度重视，果断采取措施。千万不能抱有侥幸心理，认为"没事就好"，息事宁人只会助长施暴者的气焰。

我个人的建议是，当孩子身体受到伤害时，家长应毫不犹豫地选择报警。这不仅是出于对孩子权益的维护，也是对施暴者的有力震慑。同时，要避免直接与学校管理层（如班主任、校长等）单独交涉，因为其中可能涉及复杂的利益关系和责任推诿。学校管理层可能会出于维护自身形象，或者减轻工作负担的考虑，采取和稀泥的态度，难以给予受害者足够的保护和支持。

当然，这并不意味着我们要完全排斥与学校沟通，而是要在报警的同时，通过法律途径与学校管理层协商解决问题。我们可以要求学校配合警方调查，提供必要的证据和信息，至于施暴者是否故意为之，就由警方来做出最终的定性。

一旦让警方介入此类事件，影响力就远非学校内部处理所能比。它会在施暴者及其家庭心中种下恐惧的种子，让他们意识到暴力行为的严重后果。同时，在全班同学和班主任的见证下，这样的做法也将成为一个生动的警示案例，提醒所有人：暴力不是解决问题的方式，必须坚决反对。

当然，报警的方式和态度至关重要。家长在报警时，应当清晰、客观地描述事件经过，强调孩子的受害程度，如孩子因害怕而不敢上学，甚至感到生命受到威胁等。这样的描述有助于警方更准确地评估事态，并采取相应的行动。顶格处理并不是出于报复之心，而是为了保护孩子免受进一步的伤害。

正义与公平是社会的基石，制定法律的目的是保护而不是惩罚。只要孩子没有违法乱纪的行为，他们的前途就不会因为正当维权而受到阻碍。相反，一个敢于维护自己权益、勇于面对挑战的孩子，在未来的道路上会走得更加坚定和自信。

生命安全永远大于面子

不少家长认为，小孩打架而已，何至于要上升到报警的程度，实属"小题大做"了。实际上，这是对处理校园暴力问题的一种误解。我们首先要明确一点，任何形式的暴力行为都不应该被轻视或忽视。当家长选择以严肃的态度处理孩子遭受的暴力行为时，就是在坚决维护孩子的正当权益和身心健康。

当然，孩子经历了这样的事情，肯定会引起整个班级乃至学校的震动，一些同学就此疏远孩子也是很正常的。真正的友谊是建立在相互尊重与理解的基础上的，如果孩子因为家长的正当反应而失去了一些"朋友"，家长可以告诉孩子不必为此感到难过，因为这样的"朋友"或许并不值得深交。他们的行为可能预示着未来在面对类似问题时，也会采取逃避或冷漠的态度，甚至可能成为校园霸凌的参与者。这样的经历，正好能帮助孩子识别出真正值得信赖的朋友，他们会在孩子需要时给予支持与帮助，与孩子共同面对成长的挑战。

在校园环境中，生命安全永远是第一位的。与所谓的"社交"相比，孩子的身心健康和安全更为重要。

"我被欺负了，能打回去吗？"

随着我国法律体系的不断完善，特别是对正当防卫的明确界定，以及校园内监控设备的普及，孩子们在校园里的安全，得到了更坚实的保障。

我们要告诉孩子，在生命安全受到威胁的紧急情况下，他们有权采取必要的防卫措施来保护自己。同时，这也是向施暴者传递一个明确的信息：我并非软弱可欺。当然，在还击的过程中，孩子们也要根据具体情况做出判断，避免因为身体素质、身高或性别差异，让自己陷入更危险的境地，量力而行至关重要。

无论是成年人还是孩子，都要学会用适度反击，树立并维护自己的边界。这种"攻击性"不是指无差别的暴力行为，而是一种自我保护和表达立场的方式。它意味着我们要明确自己的底线和原则，敢于在适当的时候表达不满，拒绝不合理的要求。这种反击是有目标的、有节制的，它能帮助我们在复杂的人际关系中保持独立和尊严。

无论何时，家长都切勿苛求孩子温顺乖巧，当面临不公和侵犯时，孩子理应拥有表达真实情感和想法的权利。家长的支持和理解，能够让孩子感受到被尊重与接纳，让他们更自信、果敢地面对生活中的挑战。

如何塑造一个内在强大、
有安全感的孩子

让家庭成为最坚实的盾牌

我始终认为，家应该是孩子最安全的港湾，孩子们在家里，可以试错、学习、成长。家长对于孩子的每一个想法，都应该表现出尊重，只有这样，才能建立起畅通无阻的沟通渠道。即使有时候孩子的想法显得十分稚嫩，那又何妨？孩子犯错了，家长也应当保持冷静与耐心，将其视为教育的契机，而不是指责的理由。以理服人、以情动人的教育方式，远比简单粗暴的制止更为有效。家长的倾听与支持，是孩子面对困难时最坚实的后盾。我们要让孩子明白，家是他们的避风港，无论外面的世界多么复杂多变，家的大门永远为他们敞开。

校园霸凌往往始于微小的试探与挑衅，如果得不到及时的干预与制止，就会逐渐升级为更严重的暴力行为。因此，家长和学校都应当时刻保持警惕，密切关注孩子的身心状态，一旦发现异常迹象，就应立即采取行动。同时，我们也要教育孩子学会自我保护与求助。在遇到霸凌行为时，他们要勇敢地说"不"，并及时向家长、老师或其他可信赖的成年人求助。

我们不应该追求孩子的乖巧与服从，而是要致力于培养他们成为有思想、有主见的个体。鼓励孩子学会独立思考，勇于表达自己的观点，这是他们成长道路上不可或缺的一课。同时，建立一个基于尊重与理解的良性沟通环境至关重要，让孩子感受到：他们的声音被听见，他们的感受被重视。

很多时候，孩子的言行与父母的观念不一致，但这并不意味着他们犯了不可饶恕的错误。相反，这正是孩子个性发展的积极表现。此时，父母应当避免成为评判者，不要轻易流露出对孩子的否定态度，应转而采用更加人性化、科学化的教育方式，让孩子在爱与尊重的氛围中自由成长，让他们的心灵得以舒展，让他们的个性得以飞扬。

磨炼孩子的防御"内功"

各位焦虑的家长，我知道你们正在为孩子的学科选择、专业方向以及未来发展路径而纠结，我们不妨将眼光放得更远一些。这些决定虽然重要，但它们都受制于时代的变迁与个人的选择。

我常常向家长们强调这样一个理念：与其花费两个小时的时间让

孩子补习数学，不如陪孩子一起打羽毛球。我们把时间和金钱投资在孩子的文化课上，固然是一种对未来的期许，但这种投资伴随着不确定性。而陪伴孩子进行体育锻炼，如打羽毛球、打篮球、跑步等，则是对孩子身体素质的长远投资，其带来的正向反馈将伴随孩子一生。孩子的未来充满了未知，但有一件事情是确定无疑的，那就是：良好的身体素质是孩子无论处于何种时代、何种环境，都能依仗的宝贵财富。

孩子在长期参与运动的过程中，不仅塑造了强健的体魄，更锤炼了他们的精气神。这种由内而外散发的活力与自信，使他们在面对挑战时能够展现出非凡的勇气与力量。试想，当一个充满恶意的水瓶被扔来，孩子能够快速反应、敏捷挡开，甚至还能做出反击动作，这样的反应，无疑会让施暴者心生畏惧，意识到这个孩子并不软弱。

更重要的是，一个阳光、开朗的孩子，能够积极参与学校的集体活动，不仅培养了团队合作精神，还结交了一群志同道合的小伙伴。这些朋友如同坚实的后盾，让孩子在面对困境时，不再孤单无助。当有人想要欺负孩子时，必须掂量一下那一群同样充满力量与正义感的伙伴，这样的威慑力足以让霸凌者望而却步。

作为曾经的武术运动员，我深知运动对于塑造孩子性格的重要性。运动中的竞争与挑战，能够激发孩子的好胜心和积极进取的意识。他们渴望胜利，愿意为了团队的荣誉而拼尽全力。这种性格特质，使他们在面对生活中的困难与挑战时，能够更加坚韧不拔、勇往直前。

因此，我们应当鼓励孩子积极参与体育活动，让他们在运动中，结交志同道合的朋友，培养健康的人际关系。同时，我们也要引导孩子正确看待竞争与合作，让他们在追求胜利的同时，学会尊重对手、理解队友，成为一个既有竞争力又不失风度的人。

告诉孩子，要尊重自己的生理感受

在学校里，没有任何人能够控制和阻碍孩子生理上的感受。比如，有些老师会断然拒绝孩子上厕所的请求，在他们看来，孩子不应该轻易屈服于生理需求。殊不知，每个人的生理承受能力是不同的，尤其年纪小的孩子，很可能因此憋出问题，有的孩子因为长期憋尿，导致尿路感染，甚至憋坏了膀胱。

因此，在担任初中老师期间，我经常对学生说：如果上课时，你们急着想上厕所，不需要得到我的允许，直接冲去厕所就行，只要回来后跟我解释一下，不必为此有心理负担。

父母也要从小教导孩子：无论在哪里，健康都是最重要的，无须过分在意他人的看法。关注自己的身心健康，远比迎合他人的眼光来得重要。

量力而行，对无理要求说"不"

家长必须告诉孩子，在学校里要学会量力而行，勇敢拒绝任何超出自己能力范围的要求。

比如在体育课上，有时体育老师会吩咐学生搬运器材。孩子们的体力各有差异，有的孩子天生力大无穷，有的孩子则力气比较小。力气小的孩子不敢拒绝老师的要求，勉强搬运，就可能发生意外，据说曾经发生过孩子拿不住杠铃，掉落后导致脚背粉碎性骨折的事故。

其实，搬运体育器材本该是老师承担的本职工作。如果您的孩子身体瘦弱，就可以提前告诉他：即便是老师请求帮忙，也要自己衡量一下，有没有能力完成。千万不要硬着头皮去做，要学会适当示弱，这样才能更好地保护自己。

我这样说，并不是鼓励孩子成为利己主义者。孩子们尚未成年，对自己的体能不一定有清楚的认知。作为父母，一方面要加强孩子的体能锻炼，另一方面，就是要让孩子明白：量力而行不是懦弱，而是一种智慧，是对自己负责的表现。

如何预防孩子变坏

小区里，一位年轻人正在专心享用奶茶，突然身边蹿出一个小男孩，上前一脚把奶茶踢飞。这突如其来的举动，让那位年轻人怒不可遏，一把抓住男孩，表示要与他父母好好理论理论。家长到场后，竟然只是轻描淡写地说一句："你跟孩子计较什么？"孩子听了，躲在父母身后做鬼脸，一家人都没有意识到事件的严重性。

警惕"成绩至上"的误区

长久以来，中国家庭总是过分关注学习成绩，教育孩子恨不得从胎教开始，这种偏重不仅忽视了孩子全面发展的需求，更在一定程度上扭曲了教育的本质。

我们要明白，教育的目的在于培养具有健全人格、良好品德与独立思考能力的个体。家庭与学校应当携手合作，共同承担起培养下一代的重任。具体而言，学校专注于传授知识与文化，家庭则要把重心放在孩子的行为规范、品德修养与人格塑造上。

当孩子结束了一天的学习回到家后，家长不要单纯地询问"你考了多少分"或"老师有没有表扬你"，要更多关注孩子的情感与内心世界。比如，可以询问孩子在学校的感受，有没有遭到同学欺负等。

事实上，许多看似优秀的孩子，同样可能成为施暴者。因此，孩子的学习成绩固然重要，但品德教育与行为规范更要引起重视。家长应通过日常生活中的点滴小事，如尊重他人、诚实守信、勇于承担责任等，来潜移默化地影响孩子，帮助他们形成正确的价值观与道德观。

孩子的人生第一课

父母是孩子生命的给予者，更是孩子心灵边界的筑造者。家长要帮助孩子树立清晰的是非观念，明确界定哪些行为是可取的，哪些行为是不可取的。边界感教育是孩子的人生第一课，是他们未来行走世间的指南针。

当孩子犯错，比如故意踢翻他人物品时，家长要立即制止这种行为，并教导孩子赔礼道歉；如果物品贵重，需要予以经济赔偿，家长要跟孩子说清楚：虽然目前由父母代为支付，但不可以再犯这类错误，否则会让孩子自己承担社会惩罚。这是让孩子从小就明白，每个行为都有相应的责任与后果，每个人都必须为自己的行为负责。在我看来，适当地让孩子了解成人社会的规则与秩序，对他们的健康成长大有裨益。家长不应把孩子看作单纯的家庭附属品，未成年人同样有着社会属性。通过模拟成人社会的情境与规则，家长可以帮助孩子构建起对自我、对他人、对社会的正确认识与价值观。这样的教育方式，有助于孩子形成稳定的情绪和性格。

摒弃传统的教育理念

"恐吓"与"溺爱"，可以说是中国传统家庭教育的两大特色，家长们试图通过编造各种虚构的威胁来让孩子听话，比如"不听话就让妖怪把你抓走"，或者"外面有大灰狼"等。这些做法在短期内可能有效，但从长远来看，并不利于孩子形成健康的心理与人格。

还有不少家长，尤其是爷爷奶奶、外公外婆，因为溺爱孩子，常常在无意识中降低了孩子行为底线的标准。其实，孩子年纪虽小，同样需要被当作独立的个体来尊重与引导，而不是被简单地视为需要保护的弱者。

相对来说，好的家庭教育就比较注重孩子的独立性与情绪管理。在某些国家，孩子从小就被鼓励表达自己的情感，同时也被教导如何控制情绪、理性面对问题。他们可以直接称呼父母的名字，孩子与父母之间日常采取平等的交流方式。在这种环境下长大的孩子，往往情绪稳定、性格成熟，能够更好地适应社会的规则和行事要求。

当然，由于文化背景和观念差异，我们不可能照搬别国的教育理念，但平等的沟通、明确的界限设定以及情绪管理的引导，帮助孩子建立起高标准的道德底线和行为准则，还是值得每位家长借鉴和学习的。

不是所有孩子都适合"重点"学校

与"重点"捆绑的学区房

在我们的传统观念中，重点学校往往与升学率紧密相连。初中如果能输送大量学生进入顶尖高中，就会被视为重点初中，重点小学、重点高中也是一样的逻辑。

随着中国城镇化的快速推进，现在对重点学校的定义已经发生了改变。过去，为了树立教学典范，有着深厚文化底蕴的学校可以得到地方财政的支持，以及教育资源的集中倾斜。可是，当下学区划分的做法，使升学率成为衡量一所学校是否"重点"的指标，即便是新建的学校，如果能在升学率上有突出表现，也能迅速跻身"重点学校"之列。

放眼全国，这种趋势越来越明显，即便是郊区或偏远地区，也有很多被冠以"重点"之名的学校。这些学校就是凭借出色的升学表现，赢得了家长和社会的广泛关注，而这些学校附近的居民住房，就成了与重点学校深度捆绑的"学区房"。

家长为了让孩子进入所谓的"名校"，不惜重金购置学区房，却让孩子在无形中承受着来自同龄人的攀比与压力。比如，在校园里，孩子周围的同学穿着名牌，互相吹嘘着出国游的经历，自己则因为家庭经济条件所限，无法融入其中，难免会产生自卑心理，这种心理上的落差对孩子的成长极为不利。

重点学校升学率的产生

接下来，我们来了解一下某些重点学校的升学率是如何形成的。有些学校为了追求高升学率，会采取较为激进的教学方式，甚至不惜以牺牲学生身心健康为代价。这种"唯成绩论"的导向，让学校成为竞技场，孩子的身心健康被置于次要地位。更极端的是，某些学校会对成绩不好的学生施加压力，怂恿他们转学，以此提升学校的整体升学率。这种做法无疑背离了教育的本质，也是对学生个体价值的无视。

别绷断了孩子的那根弦

既然重点学校十分看重升学率，自然会要求学生完成更多的作业。

有些学校甚至会采取军事化管理，鼓励学生之间围绕成绩展开激烈竞争。对于某些孩子来说，他们享受这种学习环境，压力越大，越能促使他们不断攀登学业高峰。但是，并不是所有孩子都有非常强大的承受能力，我见过不少重点学校的孩子，被巨大的压力折磨到崩溃，最终选择退学。

还有一点值得家长们引起重视，那就是在一所学校里，真正天赋很高的学生并不多，大部分孩子的智力水平都差不多。那么，为什么有些孩子成绩很好呢？秘诀就是补课。经济条件好的家长可以给孩子请一对一的辅导老师，这种填鸭式教学确实能提升分数。对于普通家庭的孩子来说，一套学区房可能已经掏空了家底，家长实在无力负担孩子的课后辅导费用。

除了补课带来的差距，物质上的差异在重点学校也会被放大。我自己在读书时代，就曾经历过类似的事情。我的那辆旧得几乎能进历史博物馆的自行车，与富家子弟的宝马、奔驰形成了鲜明对比，无形中，我们这些骑国产二手自行车的孩子，就被贴上了"低人一等"的标签。

对于普通家庭而言，把孩子送入重点学校，无疑是一场全家总动员的"战役"。父母倾尽全力，背负着沉重的经济与精神压力，他们的紧张情绪不可避免地传递给了孩子。孩子身处这样的环境，也无法真正放松自己。这种压力，就像股市中的 K 线图，让人无法忽视，必须时刻关注，生怕有任何闪失。

各位家长，请换位思考一下，你们愿意每天都在紧绷的环境中工作吗？我们不否认，有人就可以在严格的管理与考核下，保持高效与专注。但职场选择是多元化的，也有人偏爱自由职业，享受无拘无束的生活，探索自己感兴趣的领域。

孩子们也一样，他们有各自的学习节奏与成长方式。有的孩子能在重点学校的快节奏、高压力环境中如鱼得水，享受通过努力获得成就感的过程。而那些不喜欢被分数束缚的孩子，可能更适合去氛围相对宽松的非重点学校，那里的环境不那么"内卷"，孩子可以在其他方面发掘自己的潜力和兴趣，比如体育、手艺等。比如有些学校是体育强国示范校，孩子在这些学校里可以通过体育锻炼增强自信心与自豪感，这种积极心态还能反哺学业，促进孩子的全面发展。

用爱陪伴孩子心灵自愈

你的孩子，真的有心理问题吗

大家有没有发现，关于学生心理问题的报道越来越多，尤其到了开学季，许多大城市的三甲医院心理科人满为患，大量中小学生被父母带来就诊。

现在的孩子，内心真的如此脆弱不堪吗？

这一现象背后，其实隐藏着一条复杂的利益链。首先，某些学校的某些老师会暗示那些学习成绩较差的学生，故意质疑他们的智商有问题。接下来，学校会引入校外的心理咨询机构，以公益心理测试的名义，为这些学生进行心理测试，并出具病理报告，孩子就被诊断为轻度抑郁、轻度焦虑、轻度狂躁等，甚至被认定为智力低下。

懵懂的孩子把这些报告带回家，家长自然会感到十分焦虑，立刻找到老师询问情况。老师就顺势推荐他们去与学校合作的心理机构咨询，这些机构的心理医生会顺着之前出具的报告中的说法，告诉家长：孩子患有抑郁症或其他轻微的心理疾病。

病理报告上的结论看上去煞有介事，家长信了，孩子也认为自己成绩不好是因为有病，于是，他们就找到了合理的借口：我是"病人"。之后，老师也会与家长商量，让孩子休学一年调理身体。就这样，拉低班级平均分的隐患消除了，可是对孩子来说，休学的时间里，他们除了玩手机就是看电视。等到第二年重返校园时，他们已经难以适应学校的学习节奏，满脑子想的都是游戏和电视，孩子的求学之路基本上就被断送了。

很多家长不知道的是，抑郁症作为一种社会心理疾病，诱发因素较为复杂，很大程度上与个人的社会经历有关。孩子们的生活相对单一，每天两点一线，即使在某些阶段有异常表现，也不必大惊小怪，因为那些情况并不真正属于心理疾病的范畴。家长们需要警惕的是某些轻易给孩子贴上心理疾病标签的人，他们或许是出于让孩子休学的目的，或许是为了谋取长期治疗费用。

事实上，大部分孩子在成长过程中出现一些心理问题都是正常的，只有极少部分孩子确实患有疾病，需要适当干预和治疗。家长应尽量以心理疏导为主，避免过度干预，更不能随意给孩子吃药，比如为了解决孩子的失眠问题，让孩子吃褪黑素等，时间长了，不仅无法解决根本问题，还会让孩子形成药物依赖。

让家成为疗愈内心的港湾

虽然部分孩子确实会出现较为严重的心理问题，甚至产生自杀的念头，但家长要留心分辨，孩子的这种情况是持续性的还是阶段性的。成年人也会有情绪波动，比如失业、人际矛盾、房贷压力引发的焦虑等，这些都不是真正的心理疾病。

家长首先要深入了解孩子的具体情况，观察他们的行为变化，尽可能与孩子坦诚沟通，这样才能判断出，孩子是否真的需要专业的心理干预。

在我看来，一个人的心灵出现问题，最好的治疗是给予他足够的爱。很多时候，家庭带给孩子的伤害是最大的，孩子能接受外人对自己的批判，可当最亲的人也不理解自己时，他们就会感到彻骨的无助和彷徨。

因此，想让孩子内心恢复正常，就要让家成为他们疗愈内心的港湾，让他们感受到来自最亲的人最真挚的爱。

2015 年，圣母大学的一项研究显示：在父母那里得到关爱的孩子成年后会更快乐。当时，超过 600 名成年人接受了关于成长的调查。报告显示，在童年时期受到父母更多关爱的人，表现出较少的抑郁和焦虑，并且会更富有同情心。

根据我十几年的教育经验，即使孩子的情绪出现了这样那样的问题，大多数孩子在一两年内也会自愈，只是需要家长付出足够的耐心和关爱。

父母都是爱孩子的，但不是每位家长都明白如何表达爱，才不会伤到孩子。孩子的健康成长，既是他们的课题，也是父母的修行。

教孩子看到自身的闪光点

爱，需要怎么表达呢？仅仅是说"我爱你"这句话吗？

不是，表达爱的方式有很多种，我相信你和孩子的互动中肯定也有自己独特的方式。

我只想提一个重要的建议，那就是看到孩子的闪光点，也引导孩子发现他自己的闪光点。

每个孩子都有自己的长处，如果能让他们经常感受到自己的优秀之处，孩子就能逐渐建立起自信心。相反，如果父母总是盯着孩子的缺点喋喋不休，孩子就会因为害怕受到批评而自我设限，还没开始做，就先给自己输入"我不行"的心理暗示。

所以，父母要善于观察和挖掘孩子的长处，并经常给予肯定。哪怕孩子只是个子比较高，父母也可以经常提起，让孩子意识到这也是一种优势。比如，可以对孩子说："你看，你个子多高啊，全班同学里，你最出众了！"让孩子先从生理上建立起自信。

如何预防孩子的极端行为

新闻上时有孩子跳楼的事件，这些悲剧背后隐藏着的，是孩子长期得不到疏解、无助而绝望的心。跳楼是一个结果，而不是突然发生的过程。我们不能等到事情发展到这个地步才采取行动，父母在情况恶化之前，就应有所察觉和预防。大家不妨想想，为什么要在每天吃饭的时候跟孩子复盘学习情况？为什么在送孩子上学的路上，要用吓唬的口吻叮嘱他一定要听话？父母总是喜欢以爱的名义，去苛责孩子、束缚孩子。如果孩子今天特别不想看书，为什么不能带他去肯德基好好饱餐一顿？等孩子吃饱喝足、心情愉快的时候，你再跟他讲道理，就会发现，此时孩子的内心是开放的，比平时在书桌前更能把父母的话记在心里。

也有家长对我说："老师，道理我都懂，但一接到老师告状的电话，一看到他不及格的卷子，我就怒从心头起，控制不住对他发脾气。"

父母一旦失去对情绪的掌控，就很容易做出非理性的行为，轻则批评，重则打骂。即使暴怒过后，家长的情绪平复了，可孩子稚嫩的心灵已经受伤。

总之，想要防止孩子做出极端行为，父母就得先学会控制自己的极端情绪，不要被外界的言论所左右。

做新时代的父母，赢了一起狂，输了一起扛

　　孩子的孤僻、胆小，还可能源于父母的陪伴不足。我知道的最好的家庭教育方式，是父母真正去陪伴孩子，做他喜欢的事情，这可以让孩子感知到家人是他重要的后盾，当他知道有人为他托底，他的内在自然会更强大。

　　这里所说的陪伴，并不是简单地与孩子待在一起，而是要加强亲子间的深入交流和互动。

　　我有一个学生，他的家庭条件很好，住在合肥的一个高档小区，家里还带一个小院子。这个孩子是我们学校足球队的成员，可是有一天教练却建议他的父母让孩子放弃足球，因为在他看来，孩子的表现并不出色。

　　男孩妈妈来找我，说孩子很伤心，整个人变得沉闷寡言，害怕与人沟通，就算说话也是低垂着头，显得胆小怯懦。她为此十分担心，想知道有什么是自己能做的。

我对这位妈妈说："你家条件不错，平时可以陪孩子一起练球，哪怕只是踢踢玩玩，也能锻炼脚感。"她为难地表示，自己和丈夫都不会踢球，我告诉她这没关系，重要的是父母要给到孩子情感上的交流和支持。

　　这位母亲是典型的家庭主妇，为了让儿子振作起来，想出了很多巧妙的办法。她把空牛奶罐、空酒瓶收集起来，摆放在家门口的草地上，鼓励儿子练习瞄准与击倒。

　　后来，某个周末的中午，当她在厨房忙碌时，不经意间一抬头，看到那些瓶瓶罐罐竟然全部倒地，心里非常惊讶，问是怎么回事。"是我踢倒的呀！"孩子的语气中满是自豪。妈妈半信半疑，让儿子当面再演示一遍。等重新摆放好瓶子后，几分钟内所有瓶子再次被一一击倒。

　　这次经历，让母亲深刻感受到了陪伴的力量。从那以后，她不再只是旁观，而是主动参与进来。晚饭后，她会解下围裙，与儿子一同摆放瓶子，然后静静地站在一旁，看儿子一次次尝试，有时自己也兴致盎然地加入其中，享受踢中瓶子的快乐。

　　后来，孩子妈妈对我说，她陪伴儿子练习的效果，比专业教练指导时还要显著。在整个练习过程中，她可以看出，孩子是全身心投入其中的，他早已走出被教练请出足球队的阴霾。

　　新学期来临，孩子带着这份由母爱滋养的自信，再次踏入学校的足球测试场时，他的表现令教练刮目相看，甚至怀疑他是不是得到了专业高手的指导。

　　母亲笑着回答，并没有报任何培训班，只是自己每天用家中的瓶瓶罐罐陪儿子一起练习。教练听后，既惊讶又赞叹。孩子也在那一天，被教练宣布为首发队员，母子俩都感到万分喜悦，这是他们共同的成就。

真正的陪伴，不仅是物理意义上的共处，更是父母与孩子共同参与同一件事情，共同经历成长的点点滴滴。就像那些天天劝孩子跑步的父母，如果他们能够穿上跑鞋，与孩子并肩奔跑，我相信，这份无声的陪伴，必定远远胜过千言万语，能带给孩子勇往直前的力量和决心。